**초간단
삼플식당
레시피북**

초간단 샘플식당 레시피북

초판 1쇄 발행 2025년 11월 3일

지은이 샘플리
펴낸이 정지은

펴낸곳 (주)서스테인
출판등록 2021년 11월 4일 제2021-000166호
전화 070-7510-8668
팩스 0504-402-8532
이메일 sustain@sustain.kr

ISBN 979-11-93388-24-2 13590

- 인쇄·제작 및 유통상의 파본 도서는 구입하신 서점에서 바꿔드립니다.
- 이 책의 전부 또는 일부 내용을 재사용하려면 반드시 사전에 저작권자와 ㈜서스테인의 동의를 받아야 합니다.

초간단
샘플식당
레시피북

최소한의 재료로
최대한의 맛을 내는

샘플리 지음

저자의 말

처음 자취방에서 프라이팬 하나로 파스타를 만들던 날을 잊지 못합니다. 재료는 부족했고, 조리도 서툴렀지만, 그 한 끼가 주는 만족감은 생각보다 컸습니다. 그 이후로 저는 '최소한의 재료와 도구로, 실패 없이, 맛있게'라는 기준으로 레시피를 만들고 기록해 왔습니다. 그 결과 원팬 파스타를 시작으로 수십 가지의 초간단 요리가 탄생했고, 그 과정이 〈삼플식당〉이라는 채널로 이어졌습니다.

요리는 거창하지 않아도 괜찮습니다. 간단한 과정만으로도 충분히 만족스러운 한 끼를 만들 수 있습니다. 이 책이 여러분의 주방에서 든든한 친구가 되어, 매일의 식탁에 작은 기쁨과 만족을 더해주길 바랍니다.

책은 총 다섯 개의 챕터로 구성했습니다. 1장에서는 〈삼플식당〉의 시그니처, 20가지 원팬 파스타 레시피를 담았습니다. 팬 하나로 간단히 만들면서도 맛집 못지않은 맛을 내는 비법을 소개합니다.

2장에서는 든든한 한 끼를 책임지는 밥·면 요리를 모았습니다. 한 그릇으로 완성되는 메뉴들이라 아침·점심·저녁 언제든 활용하기 좋습니다.

3장에서는 불 없이 전자레인지로 5분 만에 완성하는 초간단 요리를 소개합니다. 바쁜 날 한 끼를 빨리 해결해야 하거나, 반찬이 급할 때 특히 유용합니다.

4장에서는 간식과 브런치 메뉴를 다룹니다. 주말 오전 여유로운 시간이나 손님맞이에도 활용할 수 있는, 보기에도 예쁜 메뉴들입니다.

5장에서는 야식이 당기는 순간에 딱 맞는 혼술 안주를 담았습니다. 간단하지만 속세의 맛을 제대로 느낄 수 있는 레시피입니다.

이 책을 통해 피곤한 하루에도 부담 없이 요리를 시작하고, 직접 요리한 한 끼를 통해 작은 성취감과 행복을 느낄 수 있기를 바랍니다.

차례

저자의 말	005
숟가락, 종이컵만 있으면 OK! 초간단 계량법	010
가장 기본적인 재료 손질법	011
파스타, 모양 따라 맛있게 골라 쓰기	012
요리의 완성도를 높이는 다섯 가지 팁	014

1장 초간단 원팬 파스타

원팬 알리오 올리오 파스타	019
원팬 명란 오일 파스타	023
원팬 봉골레 파스타	027
원팬 깻잎 참치 파스타	031
원팬 올리브 토마토 파스타	035
원팬 토마토 국물 파스타	039
원팬 토마토 치킨스튜 파스타	043
원팬 로제 파스타	047
원팬 우유 크림 파스타	051
원팬 버섯 우유 크림 파스타	055
원팬 매콤 크림 파스타	059
원팬 카쵸 에 페페 파스타	063
원팬 까르보나라 파스타	067
원팬 파기름 달걀 파스타	071
원팬 리코타 치즈 레몬 파스타	075
원팬 시금치 크림 파스타	079
원팬 불닭 치즈 파스타	083
원팬 나폴리탄 파스타	087
원팬 고추참치 파스타	091
원팬 스테이크 파스타	095

2장

초간단 밥 & 면 요리

명란 덮밥	103
삼겹살 덮밥	107
소고기 고추장 볶음 덮밥	111
김치 참치 덮밥	115
원팬 스팸마요 덮밥	119
마늘종 돼지고기 덮밥	123
연어 덮밥	127
버섯 들기름 비빔밥	131
다이어트 양배추 참치 덮밥	135
마늘 스팸 볶음밥	139
야매 탄탄면	143
야매 쇼유라멘	147
야매 마라탕면	151
원팬 짜장면	155
삼플 비빔국수	159
물 비빔국수	163
들기름 막국수	167
김치 냉우동	171
김치 우동	175
다이어트 달걀 두부면	179
샐러드 파스타	183

3장
초간단 5분 전자레인지 요리

깻잎무침	189
불닭 두부면 무침	193
소시지 야채 볶음	197
감자채 스팸 볶음	201
진미채 고추장 볶음	205
대패삼겹살 숙주찜	209
참치 달걀찜	213
야매 감자수프	217
토마토 치즈 파스타	221
알리오 올리오 파스타	225
초간단 잡채	229
간장 달걀밥	233

4장
초간단 간식 & 브런치

에그인헬(샥슈카)	239
야매 버섯 리소또	243
1인용 시카고 피자	247
고르곤졸라 피자	251
마르게리타 피자	255
페퍼로니 피자	259
원팬 또띠아 토스트	263
그릭 요거트 토스트	267
초간단 라볶이	271
불닭 로제 떡볶이	275

5장 초간단 혼술 안주

명란 구이	281
두부 브로콜리 구이	285
굴 감바스 알 아히요	289
카프레제 샐러드	293
딸기 크림치즈 카나페	297
삼플 제육볶음	301
순대볶음	305
불닭 닭목살 구이	309
냄비 미나리 삼겹살	313
돼지목살 간장구이	317
야매 깐풍기	321
야매 교촌 허니순살	325
닭다리살 치킨	329
불닭 간장 치킨구이	333

숟가락, 종이컵만 있으면 OK!
초간단 계량법

계량은 누구나 사용하기 쉽고, 따라 하기 편하게 밥숟가락과 종이컵을 기준으로 했습니다.

1. 밥숟가락

1T: 밥숟가락 1스푼   **1/2T**: 밥숟가락 1/2스푼   **1/3T**: 밥숟가락 1/3스푼

2. 종이컵

1컵: 종이컵 1컵 (약 180~190ml/g)
2/3컵: 종이컵 2/3컵 (약 120~130ml/g)
1/2컵: 종이컵 1/2컵 (약 90~100ml/g)

3. 파스타

1인분: 2L 생수병 뚜껑의 안쪽 동그라미 크기(100~120g)
2인분: 2L 생수병 뚜껑 동그라미 크기(200~230g)

가장 기본적인 재료 손질법

재료 썰기는 재료의 형태와 크기를 조절해 요리의 맛과 식감을 결정짓는 중요한 과정인데요. 다음은 가장 대표적인 재료 썰기 방법입니다.

채썰기
재료를 길고 가늘게 막대 모양으로 써는 방법.

송송 썰기
재료를 얇고 동그랗게 써는 방법.

어슷썰기
재료를 비스듬히 써는 방법.

다지기
재료를 아주 잘게 써는 방법.

편 썰기
재료를 얇고 넓적하게 써는 방법.

큼직하게 썰기
재료를 크고 대충 썰어내는 방법.

깍둑썰기
재료를 정육면체 모양으로 자르는 방법.

파스타, 모양 따라 맛있게 골라 쓰기

파스타는 종류에 따라 모양, 크기, 식감이 모두 다른데요. 요리 스타일과 소스의 종류에 맞춰 다양한 파스타를 선택해 사용할 수 있습니다. 아래는 주요 파스타 종류와 그 특징입니다.

1. 롱 파스타

길고 가는 형태의 파스타로, 크림, 오일, 토마토소스 등의 소스와 잘 어울립니다.

카펠리니(Capellini, Angel Hair):
매우 얇고 가는 면으로, 가벼운 오일이나 소스, 수프에 잘 어울립니다.

스파게티(Spaghetti)
가장 대중적인 파스타로, 길고 둥근 형태가 특징입니다. 대부분의 소스와 잘 어우러져 누구나 좋아하는 면입니다.

링귀니(Linguine)
스파게티보다 약간 넓고 납작한 면으로, 크림, 오일, 토마토 등 다양한 소스와 잘 어울립니다. 제가 가장 좋아하고, 자주 사용하는 파스타입니다.

페투치니(Fettuccine)
납작하고 넓은 형태로, 풍부한 크림소스나 묵직한 소스와 궁합이 뛰어납니다.

2. 숏 파스타

짧고 다양한 모양으로, 크림소스, 토마토소스뿐만 아니라 샐러드나 구이 요리에도 활용하기 좋습니다.

펜네(Penne)
양 끝이 사선으로 잘린 관 모양의 파스타로, 소스가 속으로 잘 스며들어 맛을 더합니다. 크림이나 토마토소스 요리에 적합합니다.

파르팔레(Farfalle)
나비 모양의 파스타로, 귀여운 외형이 특징이며 크림소스나 샐러드에 자주 쓰입니다.

푸실리(Fusilli)
나선형 모양으로, 면 사이에 소스가 잘 스며들어 풍미가 강한 요리나 오븐 요리에 잘 어울립니다.

요리 스타일과 재료에 따라 적합한 파스타를 선택하면 요리의 완성도를 더욱 높일 수 있습니다. 다양한 파스타를 활용해 맛있는 한 끼를 만들어보세요!

요리의 완성도를 높이는 다섯 가지 팁

1. 원팬 파스타 참고사항

- 원팬 파스타는 1인분 기준이며, 1인분으로 만들 때 가장 맛있습니다.
- 파스타 종류에 따라 면이 익는 시간이 다르므로, 익는 시간을 고려해 물의 양을 조절해 주세요.
- 집마다 사용하는 화구(가스레인지, 인덕션 등), 조리도구가 다르니 상황에 맞게 조절해 주세요. 물이 졸았는데 면이 덜 익었을 때는 물을 조금씩 추가해 마저 졸이면 됩니다. 이때는 뜨거운 물을 사용하면 더 좋습니다.
반대로 면이 다 익었는데 물이 많은 경우에는 불의 세기를 최대로 높이고, 계속 저어주면서 수분을 빨리 증발시켜 주세요. 간혹 물이 너무 많은 경우에는 면만 잠시 건져내고 물을 증발시킨 후 다시 넣어주셔도 됩니다.

2. 재료 손질 순서

도마와 칼을 사용할 때 재료 손질 순서에 조금만 신경을 쓰면 설거지 횟수가 줄고 요리 시간도 더 단축됩니다.

- 재료별 손질 순서는 채소 → 육류 → 해산물 순으로 손질해 주세요.
- 같은 종류의 재료일 때는 수분·기름·향이 적은 재료부터 손질해 주세요.

3. 재료 계량 순서

재료 손질과 마찬가지로 계량 시에도 순서를 조금만 신경 쓰면 설거짓거리가 줄어듭니다.

- 계량할 때는 수분이 없는 재료부터 계량해 주세요. 예를 들어 설탕 → 고추장 → 참기름 순으로 계량하면 1개의 숟가락으로 계량을 끝낼 수 있습니다.

4. 마지막에 꼭 한 번 더 간을 확인하세요.

사람마다 입맛이 다르고, 사용하는 재료에 따라 간이 조금씩 달라질 수 있기 때문에 꼭! 마지막에 간을 한 번 더 봐주세요.
요리 마지막에 간을 확인해 보고, 상황에 따라 레시피에서 간을 맞추는 재료(맛소금, 진간장, 설탕, 식초, 케첩, 소스 등)를 조금씩 추가하며 부족한 맛을 잡아주세요.

5. 기호에 맞게 레시피를 변형해 보세요.

레시피에는 필수 재료와 선택 재료가 구분되어 있으며, 대체 재료도 표시해 두었습니다. 냉장고 상황에 맞게 재료를 빼셔도, 추가하셔도, 변형하셔도 됩니다.
다만, 제가 수많은 테스트를 거쳐 완성한 레시피이니 최소 한 번은 그대로 따라 만들어 맛보시길 추천합니다. 기본 레시피의 맛으로 기준을 먼저 잡은 뒤 기호에 맞게 변형하고, 응용하면 요리가 훨씬 더 재미있어질 거예요!

초간단 원팬 파스타

1장

RECIPE BOOK

원팬 알리오 올리오 파스타

1장 초간단 원팬 파스타

재료(필수)

엑스트라 버진 올리브유 4T + 추가 1T
다진 마늘 1.5T + 추가 1/2T
크러쉬드 레드페퍼* 1T
링귀니 파스타 1인분(120g)
참치액** 1T
물 550ml(3컵)

재료(선택)

맛소금 적당량
파마산 치즈가루*** 4g

"알리오 올리오 파스타"는 오일 파스타의 기본이 되는 파스타인데요. 올리브유와 마늘이 주재료로 정말 단순하지만, 맛은 절대 단순하지 않습니다. 오일 파스타는 소스화(유화) 작업이 까다로워서 실패하신 적 많으실 텐데요. 원팬 파스타로 한번 만들어보시면 실패 없이 맛있는 알리오 올리오 파스타를 즐기실 수 있을 겁니다.

- 크러쉬드 레드페퍼 대신 페페론치노, 베트남고추, 건고추, 청양고추를 사용해도 됩니다.
- * 참치액 대신 치킨스톡, 굴소스, 연두 등 기호에 따른 조미료를 사용해도 됩니다. 단, 염도가 다 다르니 간을 보면서 양을 조절하세요.
- ** 파르미지아노 레지아노, 그라나파다노, 페코리노 로마노 등 기호에 따른 경성치즈로 대체해도 됩니다.

이 재료를 활용할 수 있는 다른 메뉴	023쪽 원팬 명란 오일 파스타 027쪽 원팬 봉골레 파스타 225쪽 (전자레인지) 알리오 올리오 파스타

1 마늘 기름 내기

- 팬에 올리브유 4T, 다진 마늘 1.5T를 넣고 약불에서 천천히 볶는다.

  tip 마늘 기름은 약불에서 천천히 낼수록 더 맛있습니다. 이때 마늘이 타지 않도록 주의하세요.

- 마늘 색이 갈색으로 변하기 시작하면 크러쉬드 레드페퍼 1T를 넣고 가볍게 볶는다.

  tip 매운맛에 약한 분은 크러쉬드 레드페퍼의 양을 1/2T로 줄여주세요.

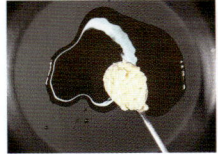  

2 파스타 조리하기

- 불을 끄고 물 550ml(3컵), 링귀니 파스타 1인분(120g), 참치액 1T를 넣는다.
- 중강불에서 파스타가 잘 익을 수 있도록 틈틈이 저어주며 졸인다.

3 파스타 상태 확인하기

- 물이 졸아들면 면의 상태를 확인하고, 필요에 따라 물을 추가하거나 불의 강도를 조절한다.
- 면이 원하는 정도로 익고, 파스타를 저었을 때 팬 바닥이 보일 정도로 졸았으면 불을 끈다.
- 간을 보고 기호에 따라 맛소금을 추가해 간을 맞춘다.

 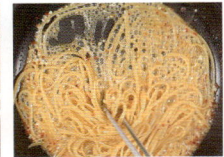

4 소스화(유화)

- 다진 마늘 1/2T, 엑스트라 버진 올리브유 1T를 넣고 치대어 섞으며 소스처럼 만든다.

    tip 다진 마늘 대신 깐 마늘을 바로 다져서 사용하면 향이 더 좋습니다.

5 완성

- 파스타를 접시에 옮겨 담는다.
- 기호에 따라 파마산 치즈가루를 추가하여 마무리한다.

재료(필수)

엑스트라 버진 올리브유 3T
다진 마늘 1T
크러쉬드 레드페퍼* 1T
링귀니 파스타 1인분(120g)
물 550ml(3컵)
참치액** 1T
저염 명란젓 30g(큰 것 1개 또는 작은 것 2개)
버터 20g
쪽파*** 2대(1/2컵)

재료(선택)

맛소금 적당량

"원팬 명란 오일 파스타"는 오일 파스타 중 제가 가장 좋아하는 레시피인데요. 기존 '원팬 알리오 올리오'의 응용 버전으로, 부드러운 버터와 짭조름한 명란젓이 어우러져 깊은 맛을 내는 파스타입니다. '원팬 알리오 올리오'를 좋아하셨다면, 이 레시피도 강력 추천합니다.

- * 크러쉬드 레드페퍼 대신 페페론치노, 베트남고추, 건고추, 청양고추를 사용해도 됩니다.
- ** 참치액 대신 치킨스톡, 굴소스, 연두 등 기호에 따른 조미료를 사용해도 됩니다. 단, 염도가 다 다르니 간을 보면서 양을 조절하세요.
- *** 쪽파 대신 대파를 얇게 채 썰어 사용해도 됩니다.

이 재료를 활용할 수 있는 다른 메뉴

103쪽 명란 덮밥
281쪽 명란 구이

1 마늘 기름 내기

- 팬에 올리브유 3T, 다진 마늘 1T를 넣고 약불에서 마늘 색이 변할 때까지 천천히 볶는다.

  tip 마늘 기름은 약불에서 천천히 낼수록 더 맛있습니다. 이때 마늘이 타지 않도록 주의하세요.

- 마늘 색이 갈색으로 변하기 시작하면 크러쉬드 레드페퍼 1T를 넣고 볶는다.

  tip 매운맛에 약한 분은 크러쉬드 레드페퍼의 양을 1/2T로 줄여주세요.

2 파스타 조리하기

- 불을 끄고, 물 550ml(3컵), 링귀니 파스타 1인분(120g), 참치액 1T를 넣는다.

  tip 저염 명란젓이 아닌 경우 참치액을 1/2T로 줄이거나 나중에 간을 보고 추가해 주세요.

- 중강불에서 파스타가 잘 익을 수 있도록 틈틈이 저어주며 졸인다.

3 재료 준비하기

- 파스타가 익는 동안 쪽파 2대(1/2컵)를 송송 썰어 준비한다.
- 명란젓(30g)의 배를 갈라 칼등이나 젓가락으로 껍질을 제거하고 속만 분리한다.

  tip 명란젓의 껍질을 제거하면 비린 맛을 줄일 수 있습니다.

 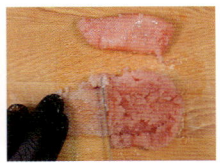

4 파스타 상태 확인하기

- 물이 졸아들면 면의 상태를 확인하고, 필요에 따라 물을 추가하거나 불의 강도를 조절한다.
- 면이 원하는 정도로 익고, 파스타를 저었을 때 팬 바닥이 보일 정도로 졸았으면 불을 끈다.

5 소스화(유화)

- 버터 20g과 준비한 명란젓을 넣고 치대어 섞으며 소스처럼 만든다.
- 간을 보고 기호에 따라 맛소금을 추가해 간을 맞춘다.

 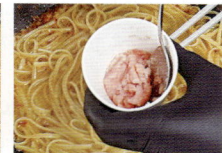 

6 완성

- 파스타를 접시에 옮겨 담고, 남은 소스를 위에 골고루 뿌린다.
- 썰어둔 쪽파를 올려 마무리한다.

원팬 봉골레 파스타

1장 초간단 원팬 파스타

재료(필수)

바지락* 200g
엑스트라 버진 올리브유 9T
다진 마늘 1T
크러쉬드 레드페퍼** 1/2T
링귀니 파스타 1인분(120g)
물 550ml(3컵)
참치액*** 1T
파슬리 가루 1T

"봉골레 파스타"는 '봉골레', 즉 '조개'라는 이름 그대로, 주로 바지락이나 모시조개 등을 사용해 만드는 파스타입니다. 감칠맛이 매력적이고, 깔끔하고 담백한 맛이 특징인데요. 보통은 화이트 와인을 넣지만, 이 책에서는 좀 더 쉽게 만들 수 있도록 화이트 와인 없이도 충분히 맛있는 '원팬 봉골레 파스타' 레시피를 준비했습니다.

- *   바지락 대신 동죽, 모시조개를 사용해도 됩니다.
- **   크러쉬드 레드페퍼 대신 페페론치노, 베트남고추, 건고추, 청양고추를 사용해도 됩니다.
- ***   참치액 대신 치킨스톡, 굴소스, 연두 등 기호에 따른 조미료를 사용해도 됩니다. 단, 염도가 다 다르니 간을 보면서 양을 조절하세요.

1 바지락 준비하기

- 물 1L에 소금 2T의 비율로 섞은 소금물에 바지락을 넣고 뚜껑을 덮어 밀봉한다.

  tip 소금물에 조개를 넣고 어둡게 밀봉하면 해감이 더 잘됩니다.

- 최소 30분 이상 해감 후 바지락을 흐르는 물에 헹구고 키친타월로 물기를 제거한다.

  tip 조개를 살 때 조개 입이 굳게 닫혀 있고, 속이 보이지 않으면서, 조개껍질이 깨지지 않은 조개를 고르는 게 좋습니다.

2 재료 볶기

- 팬에 올리브유 5T, 다진 마늘 1T를 넣고 약불에서 마늘 기름을 낸다.
- 마늘 향이 나면 불을 끄고, 크러쉬드 레드페퍼 1/2T와 바지락을 추가한 뒤 잔열로 볶는다.

3 파스타 조리하기

- 팬에 링귀니 파스타 1인분(120g), 물 550ml(3컵), 참치액 1T를 넣는다.
- 중강불에서 파스타가 잘 익을 수 있도록 틈틈이 저어주며 졸인다.
- 바지락이 입을 열면 바지락을 잠시 건져낸다.
- 면이 익는 동안 건져낸 바지락의 살과 껍질을 분리한다.

4 파스타 상태 확인하기

- 물이 졸아들면 면의 상태를 확인하고, 필요에 따라 물을 추가하거나 불의 강도를 조절한다.
- 간을 보고 기호에 따라 맛소금을 추가해 간을 맞춘다.
- 면이 원하는 정도로 익고, 파스타를 저었을 때 팬 바닥이 보일 정도로 졸았으면 불을 끈다.

5 소스화(유화)

- 파슬리 가루 1T, 엑스트라 버진 올리브유 3T, 손질해 놓은 바지락을 넣고 치대어 섞으며 소스처럼 만든다.

  tip 건파슬리 대신 생파슬리를 다져서 사용하면 향과 맛이 더욱 좋습니다.

6 완성

- 접시에 면과 소스, 조개를 담고, 엑스트라 버진 올리브유 1T를 뿌려 마무리한다.

재료(필수)

엑스트라 버진 올리브유 6T
참치캔 1캔(135g)
양파 1/2개(작은 사이즈) 또는 1/4개(큰 사이즈)
다진 마늘 1T
크러쉬드 레드페퍼* 1/2T
링귀니 파스타 1인분(120g)
참치액** 1T
물 640ml(3.5컵)
맛소금 1/5T
깻잎 10장
통깨 취향껏

"원팬 깻잎 참치 파스타"는 깻잎과 참치캔을 사용해 만드는 독특하면서도 맛있는 파스타입니다. 깻잎의 향긋함과 참치캔의 담백함이 어우러진 맛이 특징인데요. 어디서나 구하기 쉬운 재료로 집에서 쉽게 만들 수 있어 간편하면서도 단백질이 풍부한 파스타입니다.

- * 크러쉬드 레드페퍼 대신 페페론치노, 베트남고추, 건고추, 청양고추를 사용해도 됩니다.
- ** 참치액 대신 치킨스톡, 굴소스, 연두 등 기호에 따른 조미료를 사용해도 됩니다. 단, 염도가 다 다르니 간을 보면서 양을 조절하세요.

이 재료를 활용할 수 있는 다른 메뉴	115쪽 김치 참치 덮밥, 131쪽 버섯 들기름 비빔밥 135쪽 다이어트 양배추 참치 덮밥, 189쪽 깻잎무침 213쪽 참치 달걀찜

1 재료 준비하기

- 양파 1/2개를 잘게 다진다.
- 깻잎 10장을 먹기 좋은 크기로 큼직하게 썬다.

2 재료 볶기

- 중불에서 엑스트라 버진 올리브유 2T, 참치캔 1캔, 다진 양파, 다진 마늘 1T, 맛소금 1/5T를 넣고, 참치의 수분이 날아가고 양파가 투명해질 때까지 볶는다.

  tip 참치캔을 바짝 볶아 수분을 날리면 비릿한 향을 제거할 수 있습니다.

- 불을 끄고, 크러쉬드 레드페퍼 1/2T를 추가해 잔열에서 볶는다.

  tip 크러쉬드 레드페퍼의 양으로 매운맛의 강도를 조절하세요.

3 파스타 조리하기

- 볶은 재료 위에 링귀니 파스타 1인분(120g), 참치액 1T, 물 640ml(3.5컵)를 넣는다.
- 중강불에서 파스타가 잘 익을 수 있도록 틈틈이 저어주며 졸인다.

4 파스타 상태 확인하기

- 물이 졸아들면 면의 상태를 확인하고, 필요에 따라 물을 추가하거나 불의 강도를 조절한다.
- 간을 보고 기호에 따라 맛소금을 추가해 간을 맞춘다.
- 면이 원하는 정도로 익고, 파스타를 저었을 때 팬 바닥이 보일 정도로 졸았으면 불을 끈다.

5 소스화(유화)

- 엑스트라 버진 올리브유 2T와 깻잎을 넣고 치대어 섞으며 소스처럼 만든다.

6 완성

- 접시에 옮겨 담고 통깨를 뿌리고 깻잎을 올린다.
- 엑스트라 버진 올리브유 2T를 뿌려 마무리한다.

원팬 올리브 토마토 파스타

1장 초간단 원팬 파스타

재료(필수)

링귀니 파스타 1인분(120g)
양파 1/4개
올리브 15개
버터 20g
토마토홀 1캔(400g)
물 600ml(토마토홀 1.5캔)
설탕 2T
크러쉬드 레드페퍼* 1T
참치액** 1T
다진 마늘 1/3T

재료(선택)

생바질
파마산 치즈가루** 1T

"원팬 올리브 토마토 파스타"는 상큼하면서 진한 토마토소스에 짭짤하면서 고소한 올리브와 향긋한 바질이 더해져 풍부한 맛을 내는 파스타인데요. 맛이 고급스러우면서도 소스가 정말 맛있어서 빵을 곁들여 먹기 좋은 파스타입니다.

- 크러쉬드 레드페퍼 대신 페페론치노, 베트남고추, 건고추, 청양고추를 사용해도 됩니다.
- 참치액 대신 치킨스톡, 굴소스, 연두 등 기호에 따른 조미료를 사용해도 됩니다. 단, 염도가 다 다르니 간을 보면서 양을 조절하세요.
- 파르미지아노 레지아노, 그라나파다노, 페코리노 로마노 등 기호에 따른 경성치즈로 대체해도 됩니다.

1 재료 준비하기

- 양파 1/4개를 잘게 다진다.
- 올리브 15개를 먹기 좋은 크기로 송송 썬다.

  tip 슬라이스 된 올리브를 사용해도 좋습니다.

- 생바질을 잘게 다진다.

  tip 생바질의 향이 날아가지 않도록 밀폐용기에 잠시 보관하거나, 사용 직전에 다져주면 더 좋습니다.

2 파스타 조리하기

- 팬에 링귀니 파스타 1인분(120g), 다진 양파, 올리브, 버터 20g을 넣는다.
- 토마토홀 1캔을 넣고 토마토는 큼직하게 가로로 자른다.
- 물 600ml(토마토홀 1.5캔), 설탕 2T, 크러쉬드 레드페퍼 1T, 참치액 1T를 넣는다.

  tip 매운맛에 약한 분은 크러쉬드 레드페퍼의 양을 1/2T로 줄여주세요.

- 중강불에서 파스타가 잘 익을 수 있도록 틈틈이 저어주며 졸인다.

 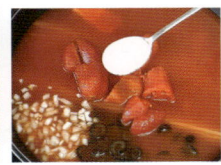 

3 파스타 상태 확인하기

- 물이 졸아들면 면의 상태를 확인하고, 필요에 따라 물을 추가하거나 불의 강도를 조절한다.
- 간을 보고 기호에 따라 맛소금을 추가해 간을 맞춘다.
- 면이 원하는 정도로 익고, 파스타를 저었을 때 팬 바닥이 보일 정도로 졸았으면 불을 끈다.

4 소스화(유화)

- 다진 마늘을 추가한 뒤 잘 섞어 소스처럼 만든다.

  tip 다진 마늘 대신 깐 마늘을 바로 다져서 사용하면 향이 더 좋습니다.

5 완성

- 파스타를 접시에 옮겨 담는다.
- 생바질을 올리고 파마산 치즈가루를 뿌려서 마무리한다.

재료(필수)

냉동 해물믹스 1팩(80g)
식초 1T
올리브유 3T
양파 1/2개
다진 마늘 1T
마라소스• 1.5T
링귀니 파스타 1인분(120g)
참치액•• 1T
토마토스파게티 소스 1컵 반
물 720ml(4컵)

재료(선택)

파슬리 가루 적당량
후춧가루 적당량

"원팬 토마토 국물 파스타" 는 국물이 그리운 쌀쌀한 계절이면 늘 생각나는 파스타입니다. 새콤달콤한 토마토소스에 매콤 알싸한 마라소스가 어우러져 자극적이면서도 중독적인 맛이 특징인데요. 뜨끈하면서도 얼큰한 맛이 매력적이어서 해장용 국물 파스타로도 추천합니다.

- • 마라소스 대신 '고추장 1.5T + 고춧가루 1/2T'를 사용해도 맛있습니다.
- •• 참치액 대신 치킨스톡, 굴소스, 연두 등 기호에 따른 조미료를 사용해도 됩니다. 단, 염도가 다 다르니 간을 보면서 양을 조절하세요.

이 재료를 활용할 수 있는 다른 메뉴	043쪽 원팬 토마토 치킨스튜 파스타 047쪽 원팬 로제 파스타, 221쪽 토마토 치즈 파스타 239쪽 에그인헬(샥슈카)

1 재료 준비하기

- 냉동 해물믹스를 물에 담그고 식초 1T를 추가해 5~10분간 해동한다.
  tip 식초를 넣은 물에 해산물을 해동하면 비린내를 잡기 좋습니다.
- 양파 1/2개를 채 썬다.

2 재료 준비하기

- 팬에 올리브유 3T를 넣고 중불에서 예열한다.
- 채 썬 양파를 넣고 투명해질 때까지 볶는다.
- 약불로 줄이고, 다진 마늘 1T를 추가해 마늘 향이 날 때까지 볶는다.
- 불을 끄고, 마라소스 1.5T를 넣어 잔열로 볶는다.
  tip 기호에 따라 마라소스의 양을 조절해 주세요.

3 파스타 조리하기

- 링귀니 파스타 1인분(120g), 참치액 1T, 토마토소스 1컵 반, 물 720ml(4컵)를 추가한다.
- 중강불에서 틈틈이 저어주며 파스타면을 익힌다.
- 끓기 시작하면 해동된 해산물의 물기를 짠 뒤 팬에 추가한다.
  tip 물기를 최대한 제거해야 비린내 없이 더욱 깔끔하게 완성됩니다.

4 파스타 상태 확인하기

- 물이 졸아들면 면의 상태를 확인하고 필요에 따라 물을 추가하거나 불의 강도를 조절한다.
- 간을 보고 기호에 따라 마라소스, 토마토소스, 맛소금으로 간을 맞춘다.

  tip 매운맛을 좋아한다면 크러쉬드 레드페퍼를 추가하여 매운맛을 높여주세요.

- 면이 원하는 정도로 익으면 불을 끈다.

  tip 먹는 동안 면이 익기 때문에 평소보다 조금 덜 익히는 게 좋습니다.

5 완성

- 접시에 면과 국물, 해산물을 차례로 올린다.
- 파슬리 가루를 뿌려 마무리한다.

원팬 토마토 치킨스튜 파스타

1장 초간단 원팬 파스타

재료(필수)

닭다리살* 350g
맛소금 약간
후춧가루 약간
건바질 2T + α
대파 1대
양배추 100g(잎 4장)
양파 1개
파스타** 120g(파르팔레면 40g, 푸실리면 40g, 링귀니면 40g)
올리브유 1T
토마토스파게티 소스 360ml(2컵)
물 720ml(4컵)
크러쉬드 레드페퍼*** 1/2T
치킨스톡 1/2T
설탕 1/2T

재료(선택)

파슬리 가루 적당량
애호박 등 냉장고에 있는 야채들

"원팬 토마토 치킨스튜 파스타"는 부드러운 닭다리살과 따끈한 토마토소스, 대파의 어우러짐이 매력적인 스튜 파스타입니다. 추운 겨울이면 제가 집에서 꼭 한 번은 해 먹는 메뉴인데요. 냉장고 털기용으로도 좋으니, 냉장고 안 야채들을 활용해 보세요!

- • 닭다리살 대신 닭가슴살, 안심, 닭볶음탕용 닭을 사용해도 됩니다.
- •• 파스타 종류는 자유롭게 선택하되 숏 파스타를 추천합니다.
- ••• 크러쉬드 레드페퍼 대신 페페론치노, 베트남고추, 건고추, 청양고추를 사용해도 됩니다.

| 이 재료를 활용할 수 있는 다른 메뉴 | 039쪽 원팬 토마토 국물 파스타, 047쪽 원팬 로제 파스타
221쪽 토마토 치즈 파스타, 239쪽 에그인헬(샥슈카)
329쪽 닭다리살 치킨 |

1 재료 준비하기

- 대파 1대를 반으로 갈라 큼직하게 썬다.
- 양배추 100g과 양파 1개를 먹기 좋은 크기로 큼직하게 썬다.
- 닭다리살 350g에 맛소금, 후춧가루, 건바질을 뿌려 밑간을 한다.

2 재료 굽기

- 두꺼운 냄비나 웍에 올리브유 1T를 넣고 중불로 예열한다.

  tip 닭가슴살, 안심 등 기름이 적은 부위를 사용할 경우 기름을 더 추가해 주세요..

- 닭다리살 껍질이 아래로 가게 놓은 뒤 껍질이 갈색이 될 때까지 굽고, 반대편도 핏기가 사라질 때까지 굽는다.
- 준비해 둔 야채를 모두 넣고 숨이 죽을 때까지 볶는다.

3 소스와 면 넣기

- 불을 끄고 팬에 토마토스파게티 소스 360ml(2컵), 물 720ml(4컵), 건바질 2T, 크러쉬드 레드페퍼 1/2T, 치킨스톡 1/2T, 설탕 1/2T, 준비해 둔 파스타면 전부를 넣는다.

  tip 크러쉬드 레드페퍼의 양으로 매운맛의 강도를 조절하세요.

4 파스타 조리하기

- 재료들을 잘 섞은 후 뚜껑을 덮고 강불로 끓인다.
- 끓기 시작하면 중불로 줄이고 중간중간 저어주며 면이 익을 때까지 조리한다.
- 기호에 따라 물, 치킨스톡, 토마토소스, 맛소금으로 간과 농도를 맞춘다.
- 면이 원하는 정도로 익으면 불을 끈다.

  tip 먹는 동안 면이 익기 때문에 평소보다 조금 덜 익히는 게 좋습니다.

5 완성

- 불을 끄고 취향에 따라 휴대용 버너에 올려 약불로 따뜻하게 먹거나 예쁜 접시에 옮겨 담는다.

재료(필수)

냉동 새우* 5개(취향껏)
식초 1T
링귀니 파스타 1인분(120g)
버터 20g
크러쉬드 레드페퍼** 1/2T
설탕 1/2T
고추장 1/2T
참치액*** 1T
양파 1/4개
토마토스파게티 소스 180ml(1컵)
물 550ml(3컵)
투게더 바닐라 아이스크림**** 5T

재료(선택)

다진 마늘 1/2T
파슬리 가루 적당량

"원팬 로제 파스타"는 일반적으로 토마토와 생크림의 조합으로 사랑받는 레시피입니다. 이 레시피는 특이하게 생크림 대신 바닐라 아이스크림을 넣어 기대 이상의 맛을 제공합니다. 의외의 재료가 만들어내는 환상적인 맛, 직접 경험해 보세요.

- * 냉동 새우 대신 생새우를 사용해도 되고 새우의 양은 늘려도 됩니다.
- ** 크러쉬드 레드페퍼 대신 페페론치노, 베트남고추, 건고추, 청양고추를 사용해도 됩니다.
- *** 참치액 대신 치킨스톡, 굴소스, 연두 등 기호에 따른 조미료를 사용해도 됩니다. 단, 염도가 다 다르니 간을 보면서 양을 조절하세요.
- **** 바닐라 아이스크림 대신 생크림를 사용해도 됩니다.

이 재료를 활용할 수 있는 다른 메뉴	039쪽 원팬 토마토 국물 파스타 043쪽 원팬 토마토 치킨스튜 파스타 239쪽 에그인헬(샥슈카)

1 재료 준비하기

- 식초 1T를 넣은 물에 냉동 새우 5개를 넣어 해동한다.
- 양파 1/4개를 잘게 다진다.

2 파스타 조리하기

- 팬에 링귀니 파스타 1인분(120g), 버터 20g, 크러쉬드 레드페퍼 1/2T, 설탕 1/2T, 고추장 1/2T, 참치액 1T, 양파, 토마토스파게티 소스 180ml(1컵), 물 550ml(3컵)를 넣는다.

  tip 크러쉬드 레드페퍼의 양으로 매운맛의 강도를 조절하세요.

- 중강불에서 파스타가 잘 익을 수 있도록 틈틈이 저어주며 졸인다.
- 물이 끓기 시작하면 해동된 새우를 넣어 익혀준 후 익은 새우는 잠시 빼준다.

3 파스타 상태 확인하기

- 물이 졸아들면 면의 상태를 확인하고 필요에 따라 물을 추가하거나 불의 강도를 조절한다.
- 면이 원하는 정도로 익고, 파스타를 저었을 때 팬 바닥이 보일 정도로 졸았으면 불을 끈다.

4 소스화(유화)

- 바닐라 아이스크림 5T를 팬에 넣고 녹인다.
- 아이스크림이 녹으면 불을 끄고 다진 마늘 1/2T를 넣은 뒤 잘 섞어 소스처럼 만든다.

  tip 다진 마늘 대신 깐 마늘을 바로 다져서 사용하면 향이 더 좋습니다.

- 간을 보고 기호에 따라 물, 토마토소스, 맛소금, 바닐라 아이스크림으로 간을 맞춘다.

5 완성

- 파스타를 접시에 담고, 미리 빼둔 새우를 올려준다.
- 파슬리 가루를 뿌려 마무리한다.

재료(필수)

링귀니 파스타 1인분(120g)
베이컨 2~3줄
체더치즈 2장
버터 20g
다진 마늘 1T
맛소금* 1/3T
우유 200ml
물 500ml(약 3컵)

재료(선택)

양송이버섯 2개
양파 1/4개
파슬리 가루 적당량

"원팬 우유 크림 파스타"는 '부대찌개처럼 파스타를 한 번에 끓이면 어떨까?' 하는 아이디어에서 출발한 저의 첫 번째 원팬 파스타 레시피입니다. 자취생에게 생크림은 구비해 두기 어려운 재료일 수 있어 우유를 사용한 크림 파스타를 만들게 되었습니다. 라면만큼 쉽게 만들 수 있고 맛도 좋은 크림 파스타, 집에서 한번 만들어보세요.

- 맛소금 대신 기호에 따라 치킨스톡, 참치액, 굴소스 등의 조미료를 사용해도 됩니다.

| 이 재료를 활용할 수 있는 다른 메뉴 | 055쪽 원팬 버섯 우유 크림 파스타
059쪽 원팬 매콤 크림 파스타
095쪽 원팬 스테이크 파스타 |

1 재료 준비하기

- 베이컨 2~3줄을 얇게 썰어 준비한다.

    tip 베이컨을 많이 넣는다면 소금의 양을 조절해 주세요. 베이컨 자체에 짠맛이 있어 간이 강해질 수 있습니다.

- 양송이버섯 2개는 편 썰고, 양파 1/4개는 다져서 준비한다.

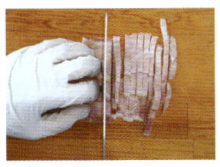 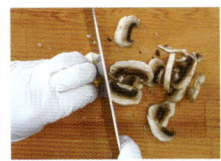 

2 파스타 조리하기

- 팬에 링귀니 파스타 1인분(120g), 버터 20g, 맛소금 1/3T, 체더치즈 2장, 베이컨, 다진 마늘 1T, 양송이버섯, 양파, 우유 200ml, 물 500ml(약 3컵)를 넣는다.
- 강불에서 파스타가 잘 익을 수 있도록 틈틈이 저어주며 원하는 농도가 될 때까지 졸인다.

3 파스타 상태 확인하기

- 물이 졸아들면 면의 상태를 확인하고 필요에 따라 물을 추가하거나 불의 강도를 조절한다.
- 간을 보고 기호에 따라 물, 맛소금, 후추로 간을 맞춘다.
- 면이 원하는 정도로 익고, 파스타를 저었을 때 팬 바닥이 보일 정도로 졸았으면 불을 끈다.

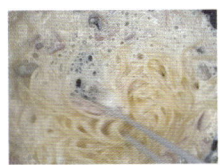

4 완성

● 면과 소스를 예쁘게 접시에 옮긴 후 파슬리 가루를 뿌려 마무리한다.

재료(필수)

링귀니 파스타 1인분(120g)
느타리버섯* 1팩(160g)
버터 20g
다진 마늘 1T
올리브유 5T
맛소금 1/5T
참치액** 1T
우유 200ml
물 360ml(2컵)
크러쉬드 레드페퍼*** 1/3T

재료(선택)

트러플(향) 오일 1T
파슬리 가루 적당량

"원팬 버섯 우유 크림 파스타" 는 크림 파스타 중 제가 가장 추천하는 파스타인데요. 구하기도 쉽고 가격도 착한 느타리버섯과 우유를 활용해 원팬으로 만들기 때문에 누구나 쉽게 만들 수 있는 파스타입니다. 느타리버섯의 쫄깃한 식감과 향 그리고 부드럽고 고소한 우유 크림의 조화가 매력적인 이 파스타를 이제 집에서 즐겨보세요.

- * 느타리버섯 대신 양송이버섯을 사용해도 맛있습니다.
- ** 참치액 대신 치킨스톡, 굴소스, 연두 등 기호에 따른 조미료를 사용해도 됩니다. 단, 염도가 다 다르니 간을 보면서 양을 조절하세요.
- *** 크러쉬드 레드페퍼 대신 페페론치노, 베트남고추, 건고추, 청양고추를 사용해도 됩니다.

이 재료를 활용할 수 있는 다른 메뉴
051쪽 원팬 우유 크림 파스타, 059쪽 원팬 매콤 크림 파스타
095쪽 원팬 스테이크 파스타, 131쪽 버섯 들기름 비빔밥
243쪽 야매 버섯 리소또

1 재료 준비하기

- 느타리버섯 1팩(160g)의 밑동을 잘라내고 먹기 좋게 다진다.

2 재료 볶기

- 팬에 올리브유 5T를 넣고 중강불로 예열한다.
- 다진 느타리버섯과 맛소금 1/5T를 넣고 버섯이 갈색이 될 때까지 볶는다.
- 중약불로 줄이고 다진 마늘 1T를 넣어 마늘 향이 올라올 때까지 볶는다.
- 마늘 향이 올라오면 불을 끄고 크러쉬드 레드페퍼 1/3T를 넣고 잔열로 볶는다.

tip 크러쉬드 레드페퍼의 양으로 매운맛의 강도를 조절하세요.

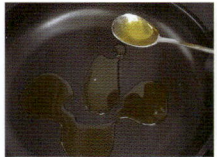  

3 파스타 조리하기

- 팬에 링귀니 파스타 1인분(120g), 참치액 1T, 버터 20g, 우유 200ml, 물 360ml(2컵)를 넣는다.
- 중강불에서 파스타가 잘 익을 수 있도록 틈틈이 저어주며 원하는 농도가 될 때까지 졸인다.

4 파스타 상태 확인하기

- 물이 졸아들면 면의 상태를 확인하고 필요에 따라 물을 추가하거나 불의 강도를 조절한다.
- 간을 보고 기호에 따라 물, 맛소금, 후추로 간을 맞춘다.
- 면이 원하는 정도로 익고, 파스타를 저었을 때 팬 바닥이 보일 정도로 졸았으면 불을 끈다.

 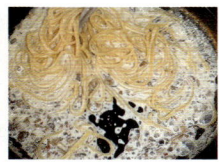

5 완성

- 면과 소스를 예쁘게 접시에 옮긴다.
- 엑스트라 버진 올리브유 또는 트러플(향) 오일 1T, 파슬리 가루를 뿌려 마무리한다.

원팬 매콤 크림 파스타

1장 초간단 원팬 파스타

재료(필수)

링귀니파스타 1인분(120g)
우삼겹 100g
양파 1/4개
대파* 1/3대(1/2컵)
버터 20g
치킨스톡 1/2T
크러쉬드 레드페퍼** 1T
고운 고춧가루(보통 맵기) 1T
설탕 1/2T
다진 마늘 1T
체더치즈 2장
고추장 1/2T
우유 200ml
물 400ml(약 2컵 반)

재료(선택)

파마산 치즈가루*** 적당량
맛소금 적당량

"원팬 매콤 크림 파스타" 는 원팬 우유 크림 파스타의 응용 버전인데요. 부드러운 우유 크림 소스에 고소함과 매콤함을 더한 파스타입니다. 크림 파스타를 좋아하지만 느끼함은 덜어내고 싶다면 이 레시피를 추천합니다.

- 대파 대신 쪽파를 사용해도 됩니다.
-- 크러쉬드 레드페퍼 대신 페페론치노, 베트남고추, 건고추, 청양고추를 사용해도 됩니다.
--- 파르미지아노 레지아노, 그라나파다노, 페코리노 로마노 등 기호에 따른 경성치즈로 대체해도 됩니다.

이 재료를 활용할 수 있는 다른 메뉴	051쪽 원팬 우유 크림 파스타 055쪽 원팬 버섯 우유 크림 파스타 095쪽 원팬 스테이크 파스타

1 재료 준비하기

- 양파 1/4개를 채 썰고, 대파 1/3대(1/2컵)를 송송 썰어 준비한다.
- 팬에 링귀니 파스타 1인분(120g), 냉동 우삼겹 100g, 양파, 버터 20g를 넣는다.
- 팬에 치킨스톡 1/2T, 크러쉬드 레드페퍼 1T, 고운 고춧가루 1T, 설탕 1/2T, 다진 마늘 1T, 체더치즈 2장, 고추장 1/2T를 넣는다.

  tip 크러쉬드 레드페퍼의 양으로 매운맛의 강도를 조절하세요.
- 팬에 우유 200ml, 물 400ml(약 2컵 반)를 넣는다.

2 파스타 조리하기

- 중강불에서 파스타가 잘 익을 수 있도록 틈틈이 저어주며 원하는 농도가 될 때까지 졸인다.

3 파스타 상태 확인

- 물이 졸아들면 면의 상태를 확인하고 필요에 따라 물을 추가하거나 불의 강도를 조절한다.
- 간을 보고 기호에 따라 맛소금을 추가해 간을 맞춘다.
- 면이 원하는 정도로 익고, 파스타를 저었을 때 팬 바닥이 보일 정도로 졸았으면 불을 끈다.

4 소스화(유화)

- 대파를 넣고 치대어 섞으며 소스처럼 만든다.

5 완성

- 접시에 면과 소스를 옮긴 후, 파마산 치즈가루를 뿌려 마무리한다.

원팬 카초 에 페페 파스타

1장 초간단 원팬 파스타

재료(필수)

통후추 25~30개
링귀니 파스타 1인분(120g)
물 550ml(3컵)
치킨스톡 1/2T
파르미지아노 레지아노 치즈* 40g(약 4/5컵)
엑스트라 버진 올리브유 2T

"**카쵸 에 페페**"는 치즈 파스타의 기본이 되는 파스타입니다. 치즈의 풍미와 짭조름함이 후추의 향과 매콤함을 만나 밸런스가 매우 좋지만 그만큼 만들기는 까다로운 파스타인데요. 제 입맛에 맞게 그리고 만들기 쉽게 변형한 '원팬 카쵸 에 페페' 레시피를 따라 해 보시면 실패 없이 맛있는 파스타를 만드실 수 있을 겁니다.

- 페코리노 로마노, 그라나파다노 치즈를 사용해도 됩니다.

| 이 재료를 활용할 수 있는 다른 메뉴 | 039쪽 원팬 토마토 국물 파스타, 047쪽 원팬 로제 파스타
221쪽 토마토 치즈 파스타, 239쪽 에그인헬(샥슈카)
329쪽 닭다리살 치킨 |

1 후추 준비하기

- 통후추 25~30개를 칼등을 사용해 큼직하게 부순다.

  tip 절구 또는 그라인더를 사용해도 됩니다.
- 중불로 예열한 팬에 후추를 넣고 약 2분 정도 굽는다.
- 후추 안쪽 흰 부분이 노란색이 될 때까지 구운 뒤 불을 끄고 후추를 팬에서 빼둔다.

2 파스타 조리하기

- 팬에 링귀니 파스타 1인분(120g), 물 550ml(3컵), 치킨스톡 1/2T를 넣는다.
- 중강불에서 파스타가 잘 익을 수 있도록 틈틈이 저어주며 원하는 농도가 될 때까지 졸인다.

3 치즈 준비하기

- 면이 익는 동안 파르미지아노 레지아노 치즈 40g을 그라인더로 곱게 갈아준다.

  tip 치즈가루의 입자가 작아야 소스처럼 잘 변합니다.

4 파스타 상태 확인하기

- 물이 졸아들면 면의 상태를 확인하고 필요에 따라 물을 추가하거나 불의 강도를 조절한다.

  tip 선호하는 소스 농도에 따라 남기는 물 양을 조절하세요.

- 면이 원하는 정도로 익고, 파스타를 저었을 때 팬 바닥이 보일 정도로 졸았으면 불을 끈다.
- 불을 끄고, 30초간 기다려 온도를 낮춘다.

  tip 꼭 30초 기다려주세요. 온도가 너무 높으면 치즈가 잘 뭉칩니다.

5 소스화(유화)

- 엑스트라 버진 올리브유 2T를 넣는다.
- 파르미지아노 레지아노 치즈가루를 데커레이션용 1T를 제외하고 모두 넣는다.
- 미리 구워둔 후춧가루도 데커레이션용 일부를 제외하고 모두 넣는다.
- 치즈가 소스처럼 변하도록 치대어 섞는다.

6 완성

- 파스타를 접시에 옮겨 담고, 남은 치즈가루와 후춧가루를 뿌려 마무리한다.

재료(필수)

링귀니 파스타 1인분(120g)
베이컨 3줄(60g)
달걀노른자 2개
파마산 치즈가루* 3T
올리브유 1T
설탕 1/3T
치킨스톡 1/2T
물 550ml(3컵) + 90ml(1/2컵)
맛소금 1/5T

재료(선택)

후춧가루 적당량

"**원팬 까르보나라 파스타**"는 간단한 준비로 누구나 쉽게 만들 수 있는 파스타입니다. 이 레시피에서는 크림 없이 달걀노른자와 치즈로 만든 소스를 사용하는데요. 고소한 소스와 바삭하며 짭조름한 베이컨이 어우러진 정통의 맛을 원팬으로 즐겨보세요.

- 파르미지아노 레지아노, 그라나파다노, 페코리노 로마노 등 기호에 따른 경성치즈로 대체해도 됩니다.

이 재료를 활용할 수 있는 다른 메뉴	039쪽 원팬 토마토 국물 파스타, 047쪽 원팬 로제 파스타 221쪽 토마토 치즈 파스타, 239쪽 에그인헬(샥슈카) 329쪽 닭다리살 치킨

1 베이컨 굽기

- 중강불에서 팬을 예열한 뒤 올리브유 1T, 베이컨 3줄(60g)을 올려 뚜껑을 덮고 3분 동안 굽는다.
- 베이컨을 뒤집고 물 90ml(1/2컵)를 넣은 후 뚜껑을 덮고 3분간 더 굽는다.
- 베이컨에 설탕 1/3T를 골고루 뿌린 후 조금 더 익혀준다.
- 불을 끄고 베이컨을 키친타월로 기름기를 제거하면서 식힌 뒤 얇게 썰어준다.

2 파스타 조리하기

- 팬에 베이컨 기름이 남아 있는 상태에서 링귀니 파스타 1인분(120g)을 넣는다.
  tip 기름이 너무 많으면 일부 버려주세요.
- 팬에 물 550ml(3컵), 치킨스톡 1/2T를 넣는다.
- 중강불에서 파스타가 잘 익을 수 있도록 틈틈이 저어주며 원하는 농도가 될 때까지 졸인다.

3 소스 만들기

- 그릇에 달걀노른자 2개, 맛소금 1/5T, 파마산 치즈가루 3T를 넣어 잘 섞는다.

4 파스타 상태 확인하기

- 물이 졸아들면 면의 상태를 확인하고 필요에 따라 물을 추가하거나 불의 강도를 조절한다.
- 면이 원하는 정도로 익고, 파스타를 저었을 때 팬 바닥이 보일 정도로 졸았으면 불을 끈다.
- 불을 끄고, 30초간 기다려 온도를 낮춘다.

    tip 소스를 섞기 전에 물의 양을 많이 남기지 말고 온도를 낮춰주세요. 실패 확률이 더 낮아집니다.

5 소스화(유화)

- 준비해 둔 소스를 팬에 넣고 면과 잘 섞어준다.
- 간을 보고 기호에 따라 파마산 치즈가루나 맛소금으로 간을 맞춘다.

6 완성

- 완성된 파스타를 접시에 옮겨 담고, 구워둔 베이컨을 올린다.
- 파마산 치즈가루, 후춧가루를 취향껏 뿌려 마무리한다.

재료(필수)

링귀니 파스타 1인분(120g)
대파 1/2대(1컵)
달걀 3개
엑스트라 버진 올리브유 6T
참치액* 1T
진간장 1T
물 550ml(3컵)

재료(선택)

소금 적당량
후춧가루 적당량

"원팬 파기름 달걀 파스타"는 대파와 달걀 그리고 파스타로 간단하게 만들 수 있는 초간단 파스타입니다. 파기름의 달달함과 달걀의 고소함, 대파의 상큼한 향이 잘 어우러진 맛이 특징인데요. 파기름 달걀 볶음밥과는 또 다른 매력이 있으니 한번 만들어 보세요.

- 참치액 대신 치킨스톡, 굴소스, 연두 등 기호에 따른 조미료를 사용해도 됩니다. 단, 염도가 다 다르니 간을 보면서 양을 조절하세요.

이 재료를 활용할 수 있는 다른 메뉴

179쪽 다이어트 달걀 두부면

1 재료 준비하기

- 대파 1/2대를 송송 썬다.
- 썬 대파의 일부는 데커레이션을 위해 따로 빼둔다.

2 파기름 내기 & 반숙 달걀프라이 만들기

- 팬에 엑스트라 버진 올리브유 6T를 넣고 중불로 예열한다.
- 준비한 대파를 넣고 중불에서 파기름을 낸다.
- 파의 끝부분이 살짝 갈색빛이 돌고 파 향이 올라오기 시작하면 약불로 줄인다.
- 팬에 달걀 3개를 넣고 반숙 달걀프라이를 만든다.
- 달걀의 흰 부분이 익으면 불을 끄고, 달걀과 파, 파기름을 따로 빼둔다.

3 파스타 조리하기

- 팬에 링귀니 파스타 1인분(120g), 참치액 1T, 진간장 1T, 물 550ml(3컵)를 넣는다.
- 중강불에서 파스타가 잘 익을 수 있도록 틈틈이 저어주며 졸인다.

4 파스타 상태 확인하기

- 물이 졸아들면 면의 상태를 확인하고 필요에 따라 물을 추가하거나 불의 강도를 조절한다.
- 면이 원하는 정도로 익고, 파스타를 저었을 때 팬 바닥이 보일 정도로 졸았으면 불을 끈다.

5 소스화(유화)

- 미리 빼둔 달걀프라이, 파기름, 대파를 모두 팬에 넣는다.
- 달걀노른자를 터트려 소스처럼 변하도록 치대어 섞어준다.
- 간을 보고 기호에 따라 소금과 후추로 간을 맞춘다.

6 완성

- 접시에 옮긴 후 빼둔 대파를 위에 올려 마무리한다.

    tip 파르미지아노 레지아노와 같은 경성치즈를 추가하면 더 고급스러운 맛을 즐길 수 있습니다.

원팬 리코타 치즈 레몬 파스타

1장 초간단 원팬 파스타

재료(필수)

링귀니 파스타 1인분(120g)
참치액* 1T
물 550ml(3컵)
버터 10g
리코타 치즈 6T(약 75g)
레몬 1/2개(제스트와 레몬즙)

재료(선택)

통후추 적당량

"원팬 리코타 치즈 레몬 파스타" 는 상큼한 레몬과 부드러운 리코타 치즈가 어우러진 가벼운 파스타입니다. 크림보다 가벼운 리코타 치즈가 파스타에 풍미를 더하고, 레몬의 산뜻한 향과 맛이 어우러져 입맛을 돋우는 파스타인데요. 최소한의 재료와 원팬으로 쉽게 만들 수 있어 요리 초보자분들께 더욱 추천합니다.

- 참치액 대신 치킨스톡, 굴소스, 연두 등 기호에 따른 조미료를 사용해도 됩니다. 단, 염도가 다 다르니 간을 보면서 양을 조절하세요.

이 재료를 활용할 수 있는 다른 메뉴	039쪽 원팬 토마토 국물 파스타, 047쪽 원팬 로제 파스타 221쪽 토마토 치즈 파스타, 239쪽 에그인헬(샥슈카) 329쪽 닭다리살 치킨

1 재료 준비하기

- 레몬의 껍질을 갈아 레몬 제스트를 준비한다.

  tip 파스타를 익히는 동안 재료 준비를 하면 시간이 절약됩니다.

- 레몬 1/2개로 레몬즙(약 3T)을 짠다.

  tip 시판용 레몬즙을 사용하시면 더욱 간편하게 요리할 수 있습니다.

2 파스타 조리하기

- 팬에 링귀니 파스타 1인분(120g), 참치액 1T, 물 550ml(3컵)를 넣는다.
- 중강불에서 파스타가 잘 익을 수 있도록 틈틈이 저어주며 졸인다.

3 파스타 상태 확인하기

- 물이 졸아들면 면의 상태를 확인하고 필요에 따라 물을 추가하거나 불의 강도를 조절한다.
- 면이 원하는 정도로 익고, 파스타를 저었을 때 팬 바닥이 보일 정도로 졸았으면 불을 끈다.

  tip 물의 양, 리코타 치즈의 양으로 기호에 맞게 소스의 크리미한 정도를 조절하세요.

4 소스화 (유화)

- 버터 10g, 리코타 치즈 6T, 레몬즙 3T를 추가한 후 소스처럼 변할 수 있도록 잘 섞는다.
- 간을 보고 기호에 따라 소금, 레몬즙, 리코타 치즈로 간을 맞춘다.

5 완성

- 파스타를 접시에 옮겨 담고, 레몬 제스트를 위에 뿌려 마무리한다.
- 기호에 따라 통후추를 갈아 추가한다.

재료(필수)

링귀니 파스타 1인분(120g)
참치액* 1.5T
물 550ml(3컵)
시금치 1덩이
방울토마토 10개
크러쉬드 레드페퍼** 1/2T
다진 마늘 1/2T
크림치즈 3T
엑스트라 버진 올리브유 4T

재료(선택)

후춧가루 적당량
파마산 치즈가루*** 적당량

"원팬 시금치 크림 파스타"는 크림치즈와 토마토, 시금치의 조합이 부드럽고 풍부한 맛을 만드는 파스타인데요. 재료의 색감이 크리스마스를 연상시켜 크리스마스와 같은 특별한 날 또는 홈 파티 메뉴로 추천합니다. 이제 집에서 고급 레스토랑의 맛을 재현해 보세요.

- * 참치액 대신 치킨스톡, 굴소스, 연두 등 기호에 따른 조미료를 사용해도 됩니다. 단, 염도가 다 다르니 간을 보면서 양을 조절하세요.
- ** 크러쉬드 레드페퍼 대신 페페론치노, 베트남고추, 건고추, 청양고추를 사용해도 됩니다.
- *** 파르미지아노 레지아노, 그라나파다노, 페코리노 로마노 등 기호에 따른 경성치즈로 대체해도 됩니다.

이 재료를 활용할 수 있는 다른 메뉴	289쪽 굴 감바스 알 아히요 297쪽 딸기 크림치즈 카나페

1 재료 준비하기

- 시금치 1덩이를 깨끗이 씻고 먹기 좋은 크기로 큼직하게 썬다.
- 방울토마토 10개를 반으로 자른다.

  tip 파스타를 익히는 동안 재료 준비를 하면 시간이 절약됩니다.

2 파스타 조리하기

- 팬에 링귀니 파스타 1인분(120g), 참치액 1.5T, 물 550ml(3컵)를 넣는다.
- 중강불에서 파스타가 잘 익을 수 있도록 틈틈이 저어주며 원하는 농도가 될 때까지 졸인다.
- 물이 졸아들면 면의 상태를 확인하고 필요에 따라 물을 추가하거나 불의 강도를 조절한다.

3 토마토와 시금치 추가

- 면이 살짝 덜 익고, 파스타를 저었을 때 팬 바닥이 보일 듯 말 듯 할 때 방울토마토를 과즙을 짜며 팬에 넣는다.
- 시금치도 데커레이션용 일부를 제외하고 전부 팬에 넣는다.

4 소스화(유화)

- 시금치의 숨이 죽고 파스타를 저었을 때 팬 바닥이 보일 정도로 물이 졸았으면 불을 끈다.
- 크러쉬드 레드페퍼 1/2T, 다진 마늘 1/2T, 크림치즈 3T, 엑스트라 버진 올리브유 3T를 넣고 치대어 섞으며 소스처럼 만든다.

  tip 다진 마늘 대신 깐 마늘을 바로 다져서 사용하면 향이 더 좋습니다.

5 완성

- 파스타를 그릇에 옮긴 후 남겨둔 시금치와 엑스트라 버진 올리브유 1T를 뿌린다.
- 기호에 따라 후춧가루와 파마산 치즈가루를 뿌려 마무리한다.

  tip 생바질을 추가하면 더 고급스러운 풍미가 납니다.

원팬 불닭 치즈 파스타

1장 초간단 원팬 파스타

재료(필수)

링귀니 파스타 1인분(120g)
베이컨* 2줄(40g)
체더치즈 3장
버터 20g
참치액** 1T
(핵)불닭소스*** 2T
케첩**** 1T
우유 200ml
물 360ml(2컵)

재료(선택)

파슬리 가루 적당량

"원팬 불닭 치즈 파스타"는 불닭소스의 매운맛과 꾸덕한 치즈의 고소함이 어우러진 파스타입니다. 소스의 활용도가 좋아 매콤한 파스타 중 제가 가장 좋아하는 파스타입니다. 특히 매운맛을 좋아하는 분들에게 강력 추천합니다.

- * 베이컨 대신 소시지, 새우 등을 사용해도 됩니다.
- ** 참치액 대신 치킨스톡, 굴소스, 연두 등 기호에 따른 조미료를 사용해도 됩니다. 단, 염도가 다 다르니 간을 보면서 양을 조절하세요.
- *** 불닭소스는 기호에 따라 일반 불닭소스, 까르보 불닭소스를 사용해도 됩니다.
- **** 케첩 대신 토마토스파게티 소스를 사용해도 됩니다.

이 재료를 활용할 수 있는 다른 메뉴	
	193쪽 불닭 두부면 무침
	275쪽 불닭 로제 떡볶이
	309쪽 불닭 닭목살 구이, 333쪽 불닭 간장 치킨구이

1 재료 준비하기

- 베이컨 2줄을 먹기 좋은 크기로 썬다.

2 파스타 조리하기

- 팬에 링귀니 파스타 1인분(120g), 베이컨, 체더치즈 3장, 버터 20g, 참치액 1T, (핵)불닭소스 2T, 케첩 1T, 우유 200ml, 물 360ml(2컵)를 넣는다.

  tip 기호에 따라 불닭소스의 양으로 맵기를, 체더치즈의 양으로 꾸덕함을 조절하세요.

- 중강불에서 파스타가 잘 익을 수 있도록 틈틈이 저어주며 원하는 농도가 될 때까지 졸인다.

3 파스타 상태 확인하기

- 물이 졸아들면 면의 상태를 확인하고 필요에 따라 물을 추가하거나 불의 강도를 조절한다.
- 면이 원하는 정도로 익고, 파스타를 저었을 때 팬 바닥이 보일 정도로 졸았으면 불을 끈다.
- 기호에 따라 맛소금, 후추, 불닭소스를 추가하여 간을 맞춘다.

4 완성

● 파스타를 접시에 담고 파슬리 가루를 뿌려 마무리한다.

원팬 나폴리탄 파스타

1장 초간단 원팬 파스타

재료(필수)

링귀니 파스타 1인분(120g)
버터 20g
양파 1/2개
소시지* 1~2개
진간장 1T
케첩 4T
물 550ml(3컵)
후춧가루 1/2T

재료(선택)

양송이버섯** 2개
파마산 치즈가루 4g
파슬리 가루 적당량

"**나폴리탄 파스타**"는 일본식 파스타로 케첩을 기본으로 한 달콤하고 감칠맛 나는 소스가 특징입니다. 전통적인 이탈리아 요리와는 거리가 있지만, 특별한 재료 없이 집에서 쉽게 만들 수 있어 자취생에게 특히 추천하는 파스타이니 원팬으로 더욱 간편하고 맛있게 만들어 보세요.

- * 소시지 대신 비엔나소시지를 사용해도 됩니다.
- ** 양송이버섯 대신 느타리버섯 등 다른 버섯을 사용해도 됩니다.

이 재료를 활용할 수 있는 다른 메뉴	197쪽 소시지 야채 볶음 239쪽 에그인헬(샥슈카) 275쪽 불닭 로제 떡볶이

1 재료 준비하기

- 양파 1/2개를 채 썬다.
- 양송이버섯 2개를 편 썬다.
- 소시지 1~2개를 얇게 채 썬다.

 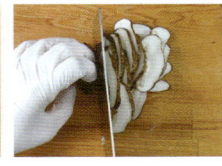 

2 파스타 조리하기

- 팬에 링귀니 파스타 1인분(120g), 버터 20g, 양파, 소시지, 양송이버섯, 진간장 1T, 케첩 4T, 물 550ml(3컵)를 넣는다.
- 중강불에서 파스타가 잘 익을 수 있도록 틈틈이 저어주며 졸인다.

3 파스타 상태 확인하기

- 물이 졸아들면 면의 상태를 확인하고 필요에 따라 물을 추가하거나 불의 강도를 조절한다.
- 간을 보고 기호에 따라 맛소금, 케첩으로 간을 맞춘다.
- 면이 원하는 정도로 익고, 파스타를 저었을 때 팬 바닥이 보일 정도로 졸았으면 불을 끈다.

4 파스타 마무리하기

- 후춧가루 1/2T, 파마산 치즈가루 4g을 넣고 섞는다.

  tip 기호에 따라 후춧가루의 양은 조절해도 됩니다.

5 완성

- 파스타를 그릇에 옮겨 담고, 파슬리 가루를 뿌려서 마무리한다.

원팬 고추참치 파스타

1장 초간단 원팬 파스타

재료(필수)

푸실리 파스타* 1인분(120g)
고추참치 1캔(135g)
다진 마늘 1T
버터 20g
체더치즈 2장
케첩** 2T
참치액 1/2T
물 600ml(약 3컵 반)

재료(선택)

양파 1/2개
양송이버섯*** 2개
파슬리 가루 작당량

"원팬 고추참치 파스타" 는 고추참치 특유의 매콤함과 참치의 고소함이 어우러진 파스타입니다. 고추참치 캔을 활용해 간단하면서도 빠르게 맛있는 한 끼를 준비할 수 있어 가성비 좋은 레시피이기도 한데요. 배는 고픈데 귀찮은 날 특히 추천하는 메뉴입니다.

- * 푸실리 파스타 대신 펜네 파스타, 링귀니 파스타를 사용해도 됩니다.
- ** 케첩 대신 토마토스파게티 소스를 사용해도 됩니다.
- *** 양송이버섯 대신 느타리버섯 등 다른 버섯을 사용해도 됩니다.

이 재료를 활용할 수 있는 다른 메뉴	039쪽 원팬 토마토 국물 파스타, 047쪽 원팬 로제 파스타 221쪽 토마토 치즈 파스타, 239쪽 에그인헬(샥슈카) 329쪽 닭다리살 치킨

1 재료 준비하기

- 양파 1/2개, 양송이버섯 2개를 다져서 준비한다.

2 파스타 조리하기

- 팬에 푸실리 파스타 1인분(120g), 고추참치 1캔(135g), 다진 마늘 1T, 버터 20g, 체더치즈 2장, 케첩 2T, 참치액 1/2T, 물 600ml(약 3컵 반)를 넣는다.

  tip 다른 파스타를 사용해도 되지만, 캔참치의 살이 바스러지는 특성상 숏 파스타 (푸실리, 펜네 등)를 추천합니다.

- 중강불에서 파스타가 잘 익을 수 있도록 틈틈이 저어주며 졸인다.

3 파스타 상태 확인하기

- 물이 졸아들면 면의 상태를 확인하고 필요에 따라 물을 추가하거나 불의 강도를 조절한다.
- 간을 보고 기호에 따라 참치액, 맛소금, 케첩으로 간을 맞춘다.
- 면이 원하는 정도로 익고, 파스타를 저었을 때 팬 바닥이 보일 정도로 졸았으면 불을 끈다.

4 완성

- 파스타를 접시에 옮겨 담고, 파슬리 가루를 뿌려 마무리한다.

재료(필수)

깐 마늘* 10개
양송이버섯 6개
양파 큰 것 1/4개(양파 작은 것 1/2개)
소고기 부채살(스테이크용 두께 3cm)
200g x 2인
맛소금 적당량
엑스트라 버진 올리브유 10T
통후추 적당량
버터 40g(20g x 2)
링귀니 파스타 1인분(120g)
참치액** 1T
우유 200ml
물 360ml(2컵)
발사믹 식초 3T
와사비 적당량
홀그레인 머스터드 적당량

재료(선택)

로즈마리 또는 타임
파슬리 가루 적당량

"원팬 스테이크 파스타" 는 기념일과 같은 특별한 날을 위한 요리로 2인분 레시피입니다. 팬 하나로 부드럽게 익힌 스테이크와 샘플식당만의 크림소스가 매력적인 파스타인데요. 원팬 스테이크 파스타와 함께 기념일을 특별하게 보내보는 건 어떨까요?

- * 마늘의 양은 기호에 따라 늘리셔도 됩니다.
- ** 참치액 대신 치킨스톡, 굴소스, 연두 등 기호에 따른 조미료를 사용해도 됩니다. 단, 염도가 다 다르니 간을 보면서 양을 조절하세요.

이 재료를 활용할 수 있는 다른 메뉴	
	051쪽 원팬 우유 크림 파스타
	055쪽 원팬 버섯 우유 크림 파스타
	059쪽 원팬 매콤 크림 파스타

1 재료 준비하기

- 깐 마늘 10개의 꼭지를 제거하고, 5개는 통으로(스테이크용), 나머지 5개는 편 썰어(파스타용) 준비한다.
- 양송이버섯 6개 중 3개는 스테이크용으로 큼직하게 썰고, 나머지 3개는 파스타용으로 편 썬다.
- 양파 1/4개를 채 썬다.
- 소고기 부채살의 핏기를 키친타월로 제거하고, 맛소금을 앞뒤로 뿌려 밑간을 한다.

    tip 소고기 부채살은 가운데의 지방 심지가 얇을수록 좋습니다.

2 스테이크 굽기(미디움 레어)

- 팬에 올리브유 10T를 넣고 중불로 팬을 달군 뒤, 소고기를 조심스럽게 놓는다.
- 고기를 한쪽 면당 1분 30초씩 총 3분 중불에서 익힌다.
- 이후 약불에서 한쪽 면당 1분씩 두 번, 총 4분간 더 구워준다.

    tip 스테이크 익힘 정도는 개인 취향에 따라 약불에서 익히는 시간으로 조절하세요.

- 마늘 5개와 큼직하게 썬 버섯 3개를 중간에 넣고 함께 익힌다.
- 총 7분간 구워진 스테이크를 통후추, 버터 20g, 로즈마리와 함께 호일로 싸서 레스팅한다.

3 파스타 재료 볶기

- 중강불로 팬에 남은 기름에 채 썬 양파, 편 썬 마늘과 버섯을 넣고 볶는다.
- 토핑용으로 사용할 마늘과 큼직하게 썬 버섯을 잠시 빼둔다.

4 파스타 조리하기

- 불을 끄고, 팬에 링귀니 파스타 1인분(120g), 참치액 1T, 버터20g, 우유 200ml, 물 360ml(2컵)를 넣는다.
- 중강불에서 파스타가 잘 익을 수 있도록 틈틈이 저어주며 원하는 농도가 될 때까지 졸인다.

5 파스타 상태 확인하기

- 물이 졸아들면 면의 상태를 확인하고 필요에 따라 물을 추가하거나 불의 강도를 조절한다.
- 간을 보고 기호에 따라 맛소금을 추가해 간을 맞춘다.
- 면이 원하는 정도로 익고, 파스타를 저었을 때 팬 바닥이 보일 정도로 졸았으면 불을 끈다.

6 파스타 마무리

- 발사믹 식초 3T를 넣고 잘 섞어준 후, 파스타 접시에 옮겨 담는다.

  tip 발사믹 식초는 제품에 따라 맛이 다를 수 있으니, 맛을 보며 양을 조절해 주세요.

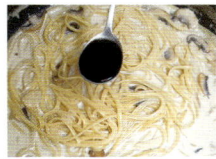  

7 완성

- 레스팅해 둔 스테이크를 먹기 좋은 크기로 썬다.
- 스테이크는 가운데 2~3점을 따로 빼두고 나머지는 두 접시로 나눠 담는다.
- 미리 빼둔 버섯과 마늘, 와사비, 홀그레인 머스터드를 올려 스테이크 두 접시를 완성한다.
- 빼둔 스테이크는 파스타 위에 올리고 파슬리 가루를 뿌려 파스타를 완성한다.

초간단 밥 & 면 요리

2장

RECIPE BOOK

재료(필수)

명란젓(저염) 30g(작은 것 2개 또는 큰 것 1개)
밥 1인분(210g)
대파* 초록 부분 한 줌
김가루(또는 조미김) 한 줌
달걀노른자 1개

양념장 재료

참기름 1T
다진 마늘 1/3T
통깨 1T
고춧가루 1/3T

"명란 덮밥"은 짭짤하고 감칠맛 좋은 명란이 밥과 잘 어우러져 특별한 한 끼를 즐길 수 있는 메뉴인데요. 명란젓의 짭짤한 맛 덕분에 별다른 양념 없이도 훌륭한 맛을 낼 수 있습니다. 조리법도 무척 간단해 바쁠 때 간편하게 만들어 먹을 수 있어 직장인에게 특히 추천하는 메뉴입니다.

- 대파 대신 쪽파 또는 부추, 깻잎을 사용해도 됩니다.

| 이 재료를 활용할 수 있는 다른 메뉴 | 023쪽 원팬 명란 오일 파스타
281쪽 명란 구이 |

1 재료 준비하기

- 대파의 초록 부분을 얇게 송송 썬다.
- 김은 비닐에 넣고 부순 뒤 김가루로 만든다.

2 양념장 만들기

- 양념 그릇에 명란 30g을 넣고 가위로 잘게 자른다.
  tip 명란 껍질을 제거한 뒤 사용하면 비린 맛이 줄어듭니다.
- 참기름 1T, 다진 마늘 1/3T, 통깨 1T, 고춧가루 1/3T를 넣고 함께 섞는다.

  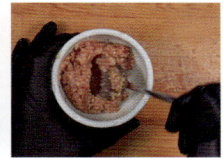

3 완성

- 그릇에 밥을 담고, 채 썬 대파와 김가루를 올린다.
- 그 위로 준비된 명란젓을 올린다.
- 명란젓 중앙을 가볍게 누르고, 그 위에 달걀노른자 1개를 올린다.
  tip 달걀노른자 대신 반숙 달걀프라이 또는 버터를 넣어도 맛있습니다.
- 통깨를 뿌려 마무리한다.

재료(필수)

삼겹살 1인분(200g)
양파 1/2개
밥 1인분(210g)

양념장 재료

설탕 1T
고춧가루 1T
후춧가루 1/5T
다진 마늘 1T
진간장 2T
참치액 1T
물엿 1T
물 4~5T

재료(선택)

대파* 적당량
통깨 적당량
삶은 달걀 1개

"삼겹살 덮밥" 은 고소하고 쫄깃한 삼겹살을 짭짤한 양념과 함께 볶아 밥 위에 얹은 간단하면서도 든든한 한 그릇 요리입니다. 고기의 풍부한 육즙과 양념의 감칠맛이 따뜻한 밥과 어우러져 누구나 좋아할 만한 메뉴인데요. 구워 먹기만 하던 삼겹살, 이제 이 레시피로 한번 드셔보세요!

- 대파 대신 쪽파를 사용해도 됩니다.

1 재료 준비하기

- 양파 1/2개를 채 썬다.
- 대파를 얇게 송송 썬다.
- 삼겹살 200g을 약 1cm 두께로 썬다.

  tip 구이용 삼겹살을 구운 후 가위로 잘라도 됩니다.

2 양념장 만들기

- 양념 그릇에 설탕 1T, 고춧가루 1T, 다진 마늘 1T, 후춧가루 1/5T, 진간장 2T, 참치액 1T, 물엿 1T, 물 4~5T를 차례로 넣고 섞는다.

  tip 고기를 굽는 동안 양념장을 만들면 시간이 절약됩니다.

3 삼겹살 굽기

- 팬을 중강불로 예열한 후 삼겹살을 올린다.
- 고기가 노릇노릇 구워졌다면 양파를 넣고 살짝 숨을 죽인다.

4 양념장 졸이기

● 중불로 줄인 뒤 양념장을 넣고 고기에 잘 배도록 졸인다.

5 완성

● 그릇에 밥을 담고 밥 위에 양념과 양파, 삼겹살을 차례로 올린다.
● 참기름 1T, 통깨, 대파를 올린다.
● 삶은 달걀을 반으로 잘라 올려 마무리한다.
  tip 삶은 달걀은 생략해도 됩니다.

소고기 고추장 볶음 덮밥

2장 초간단 밥 & 면 요리

재료(필수)

소고기 다짐육* 200g(약 1컵 반)
양파 1/2개
밥 1인분(210g)
올리브유 1T
달걀 1개

양념장 재료

설탕 2T
고춧가루 1.5T
후춧가루 1/5T
다진 마늘 1T
진간장 1T
굴소스 1T
고추장 1T
물 4~5T

재료(선택)

참기름 1T
쪽파** 2대

"소고기 고추장 볶음 덮밥" 은 매콤달콤한 고추장 소스에 야채와 고기를 볶아 따끈한 밥 위에 올리면 완성되는 간편한 덮밥 요리입니다. 간단한 재료에 맛까지 좋은 든든한 한 끼를 손쉽게 만들어보세요! 한 입만 먹어도 입안 가득 퍼지는 감칠맛과 중독성 있는 매콤함을 느끼실 수 있습니다.

- * 소고기 대신 돼지고기 다짐육을 사용해도 좋습니다.
- ** 쪽파 대신 대파를 얇게 썰어 사용해도 됩니다.

1 재료 준비하기

- 양파 1/2개를 다지고, 쪽파 2대를 송송 썬다.
- 팬에 올리브유 1T를 두르고, 반숙 달걀프라이를 만든 뒤 잠시 빼둔다.

2 양념장 만들기

- 양념 그릇에 설탕 2T, 고춧가루 1.5T, 후춧가루 1/5T, 다진 마늘 1T, 진간장 1T, 굴소스 1T, 고추장 1T, 물 4~5T를 모두 섞어 양념장을 만든다.

  tip 매운맛을 선호한다면 고춧가루 2T를 추가로 늘려주세요.

3 조리하기

- 팬에 소고기 다짐육 200g(약 1컵 반)을 넣고 중강불에서 소고기의 핏기가 사라질 때까지 볶는다.
- 양파를 넣고 숨이 죽을 때까지 볶는다.
- 양념장을 넣고 고기에 양념을 입혀주며 볶는다.

  tip 고기와 양념이 잘 안 섞인다면 물을 2~3T 추가해 주세요.
- 고기에 양념이 배면 불을 끈다.

4 완성

- 그릇에 밥을 담고 밥 위에 볶은 고기를 올린 후 참기름 1T를 두른다.
- 반숙 달걀프라이와 쪽파를 올려 마무리한다.

  tip 반숙 달걀프라이 대신 날달걀 노른자를 올려도 좋습니다.

재료(필수)

참치캔 1캔(135g)
김치* 200g(약 1컵)
양파 1/2개
밥 1인분(210g)
올리브유 1T
달걀 1개

양념장 재료

물 90ml(1/2컵)
설탕 1/2T
고춧가루 1/2T
굴소스 1T
케첩 1T

재료(선택)

쪽파** 적당량

"김치 참치 덮밥"은 밥 위에 매콤 새콤한 볶음김치와 고소한 참치를 올린 단백질이 풍부한 메뉴인데요. 한국인이라면 좋아할 수밖에 없는 맛입니다. 바쁜 날, 간단하지만 든든한 한 끼가 필요할 때 이 레시피를 추천합니다.

- * 신김치를 사용하시면 더욱 맛있습니다.
- ** 쪽파 대신 대파를 얇게 채 썰어 사용해도 됩니다.

이 재료를 활용할 수 있는 다른 메뉴	031쪽 원팬 깻잎 참치 파스타 179쪽 다이어트 양배추 참치 덮밥 213쪽 참치 달걀찜

1 재료 준비하기

- 양파 1/2개를 채 썰고, 쪽파를 송송 썬다.
- 팬에 올리브유 1T를 두르고 반숙 달걀프라이를 만든 뒤 잠시 빼둔다.
  tip 반숙 달걀프라이 대신 참기름 1T를 뿌려도 좋습니다.
- 팬을 키친타월로 한 번 닦는다.

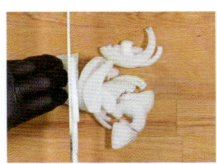  

2 조리하기

- 팬에 참치 1캔(135g), 김치 200g(약 1컵), 물 90ml(1/2컵), 양파 1/2개를 넣는다.
- 나머지 양념 재료인 설탕 1/2T, 고춧가루 1/2T, 굴소스 1T, 케첩 1T를 모두 넣고 섞는다.
- 중강불에서 양파가 투명해지고, 김치는 아삭한 식감이 남을 정도로만 익힌다.
  tip 김치의 신맛이 강하면 설탕을 추가하고, 약하면 식초를 넣어 신맛을 조절하세요.

3 완성

- 그릇 가운데에 밥을 올리고, 밥 주위로 조리된 김치 참치를 두른다.
- 밥 위에 반숙 달걀프라이와 쪽파를 올려 마무리한다.

재료(필수)

스팸 1캔(200g)
달걀 2개
밥 1인분(210g)
올리브유 2T
진간장 1T
마요네즈 적당량

재료(선택)

(핵)불닭소스® 1T
통깨 적당량
파슬리 가루 적당량

"원팬 스팸마요 덮밥" 은 짭짤하고 고소한 스팸과 부드러운 달걀 그리고 마요네즈의 조화로 남녀노소 모두가 좋아할 레시피인데요. 도마 사용 없이 팬 하나로 만들 수 있어 설거지 걱정까지 덜어주는 메뉴입니다. 거기에 불닭소스의 매콤함까지 추가한다면…?!

- 불닭소스 대신 다른 매운 소스를 사용해도 좋습니다.

이 재료를 활용할 수 있는 다른 메뉴

139쪽 마늘 스팸 볶음밥
201쪽 감자채 스팸 볶음

1 재료 준비하기

- 스팸을 캔 안에서 적당한 크기로 썬다.

2 조리하기

- 팬에 올리브유 1T를 두르고 중불에서 예열한다.
- 준비된 스팸을 넣고 겉면이 노릇해질 때까지 구운 뒤 약불로 줄이고 한쪽으로 모아둔다.
- 빈 공간에 올리브유 1T를 넣고 달걀 2개를 넣어 스크램블을 만든다.

  tip 기름이 부족하면 팬을 기울여 달걀 쪽으로 기름을 모아주세요.
- 매콤한 맛을 원한다면 모아둔 스팸에 (핵)불닭소스 1T를 넣고 섞는다.

  tip 취향에 따라 매운맛을 조절하세요.

3 완성

- 팬 가운데에 밥을 올린 뒤 밥에 진간장 1T를 둘러 간을 한다.
- 마요네즈와 통깨, 파슬리 가루를 뿌려 마무리한다.

  tip 마요네즈를 가늘게 뿌리고 싶다면 일회용 비닐이나 랩으로 입구를 감싼 후 가운데 구멍을 뚫어 사용하면 됩니다.

재료(필수)

돼지고기 다짐육 150g(약 1컵)
맛소금 1/5T
마늘종* 1컵
양파 큰 것 1/4개
밥 1인분(210g)
올리브유 3T

재료(선택)

달걀** 1개

양념 재료

크러쉬드 레드페퍼 1/2T
설탕 1T
다진 마늘 1/4T
참치액 1T
간장 1T
물 3T

"마늘종 돼지고기 덮밥"은 아삭아삭한 마늘종의 상큼한 향과 돼지고기의 고소한 풍미가 어우러진 메뉴입니다. 매콤 짭조름한 양념이 밥과 재료를 완벽히 감싸 입맛을 돋우며, 마늘종 특유의 식감과 향이 돼지고기와 환상적인 조화를 이룹니다. 누구나 쉽고 빠르게 만들어 먹을 수 있는 가성비 좋은 메뉴로 추천합니다.

- * 마늘종 대신 쪽파를 사용해도 됩니다.
- ** 반숙 달걀프라이 대신 참기름 1T를 사용해도 좋습니다.

1   재료 준비하기

- 마늘종 1컵을 1cm 크기로 송송 썰고, 양파 1/4개는 다진다.
- 팬에 올리브유 2T를 두르고 반숙 달걀프라이를 만든 뒤 잠시 빼둔다.

2   조리하기

- 같은 팬에 올리브유 1T를 넣고 중불에서 예열한다.
- 돼지고기 다짐육 150g과 맛소금 1/5T를 넣고 핏기가 사라질 때까지 볶는다.
- 양파와 마늘종을 넣고 약 1~2분간 볶은 후 숨이 죽으면 약불로 줄인다.

3   양념 넣기

- 크러쉬드 레드페퍼 1/2T, 설탕 1T, 다진 마늘 1/4T, 참치액 1T, 간장 1T, 물 3T를 넣고 재료에 간이 배도록 볶으면서 수분을 날린다.

4 완성

- 그릇에 밥을 담고 조리된 재료를 밥 위에 올린다.
- 반숙 달걀프라이를 얹어 마무리한다.

연어덮밥

2장 초간단 밥 & 면 요리

재료(필수)

횟감용 연어 필렛 370g(2인분)
물 2L
소금 2T
레몬즙* 4T
밥 2인분(각 210g)
생와사비 적당량

소스 재료

설탕 1T
참치액 1T
진간장 1T
물 3T
레몬즙 1T(생략 가능)

재료(선택)

김가루 적당량
무순 적당량
날치알 적당량

"연어 덮밥" 좋아하시나요? 저는 밖에서 연어 덮밥을 사 먹을 때면 항상 연어의 양이 아쉬었는데요. 연어를 더 많이 먹고 싶은 마음에 집에서 만들게 된 연어 덮밥 레시피**입니다. 집에 있는 재료로 간편하게 만들 수 있는 연어 덮밥 소스까지! 간단한 조리로도 근사한 한 끼를 완성해 보세요.

-    레몬즙 대신 식초를 사용해도 좋습니다.
--   이 레시피는 2인분 기준입니다.

1 재료 준비하기

- 그릇에 찬물 2L, 소금 2T, 레몬즙 4T를 넣고 잘 풀어준다.

  tip 물 1L당 소금 1T, 레몬즙 2T 비율로 만드시면 됩니다.

- 물에 얼음과 연어 필렛 370g을 넣고 약 3분간 담가 둔다.

  tip 비린내를 잡고, 연어살을 탱글하게 만들어주는 과정입니다.

- 연어를 흐르는 물에 가볍게 헹구고 키친타월로 물기를 제거한다.

2 소스 만들기

- 소스 그릇에 설탕 1T, 참치액 1T, 진간장 1T, 물 3T, 레몬즙 1T를 넣고 잘 섞어 소스를 만든다.

  tip 레몬즙은 기호에 따라 생략해도 됩니다.

  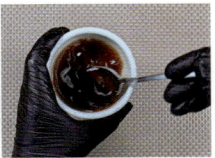

3 연어 썰기

- 연어를 먹기 좋은 크기로 썬다.

  tip 연어에 물기가 없는 상태에서 썰어야 모양이 예쁘게 나옵니다.

  tip 이미 썰려 있는 연어회를 사용하거나 시켜 먹고 남은 연어회를 사용해도 좋습니다.

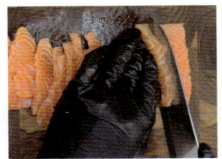

4 완성

- 그릇에 밥을 담고 준비한 소스를 4T 뿌린다.
- 그 위에 김가루를 뿌리고 썰어둔 연어를 올린다.
- 연어 위에 무순과 생와사비, 날치알을 올리고 소스 1~2T를 뿌려 마무리한다.

  tip 기호에 따라 김가루, 무순, 생와사비, 날치알을 더 추가하셔도 좋습니다.

재료(필수)

느타리버섯* 1팩(150g)
깻잎 15장
올리브유 5T
맛소금 1/5T
다진 마늘 1T
밥 1인분(210g)
진간장 1T
참치액 1T
들기름 2T
들깻가루 2T

재료(선택)

달걀노른자** 1개
통깨 적당량

"버섯 들기름 비빔밥" 은 쫄깃한 느타리버섯과 향긋한 깻잎, 들기름과 들깻가루의 고소한 풍미가 어우러진 건강하면서도 맛있는 한 그릇 요리인데요. 가성비 좋은 느타리버섯과 깻잎 등 집에서 쉽게 구할 수 있는 재료들을 활용해 간단하면서도 근사한 한 끼를 완성할 수 있으니 꼭 한번 따라 해 보세요.

- * 느타리버섯 대신 송이버섯이나 좋아하는 버섯을 사용해도 좋습니다.
- ** 달걀노른자 대신 반숙 달걀프라이를 사용해도 좋습니다.

이 재료를 활용할 수 있는 다른 메뉴	055쪽 원팬 버섯 우유 크림 파스타 243쪽 야매 버섯 리소토 285쪽 두부 브로콜리 구이

1 재료 준비하기

- 느타리버섯 1팩(150g)을 잘게 다진다.
- 깻잎 15장의 꼭지를 한 번에 제거하고 얇게 채 썬다.

  tip 채 썬 깻잎은 뭉치지 않게 손으로 풀어주면 좋습니다.

2 조리하기

- 팬에 올리브유 5T를 두르고 중불에서 예열한다.
- 느타리버섯, 맛소금 1/5T를 넣고 버섯의 표면이 갈색이 될 때까지 볶는다.
- 버섯이 익으면 약불로 줄인 뒤 다진 마늘 1T를 넣고 마늘 향이 날 때까지 볶는다.

3 양념 추가하기

- 재료를 팬 한쪽으로 모은다.
- 다른 한쪽에 진간장 1T, 참치액 1T를 넣고 끓인 후 섞는다.
- 불을 끄고 들기름 2T, 들깻가루 2T를 넣고 섞는다.

4 완성

- 그릇에 밥을 담고 준비한 깻잎을 풀어서 올린다.
- 깻잎 가운데 공간을 만들고 버섯 고명을 올린다.
- 고명 위로 달걀노른자를 올린 후 통깨를 뿌려 마무리한다.

   tip 매운맛을 좋아하면 청양고추를 썰어 추가해도 좋습니다.

재료(필수)

양배추 100g
양파 1/2개
참치캔 1캔(135g)
진간장 1T
굴소스 1T
다진 마늘 1T
달걀 1개
올리브유 2T
밥 1인분(210g)

재료(선택)

후춧가루 적당량
통깨 적당량
파슬리 가루 적당량

"다이어트 양배추 참치 덮밥"은 조리법도 쉽고, 맛도 좋고, 포만감까지 좋은 메뉴인데요. 고단백 재료인 참치와 달걀 그리고 포만감 좋은 양배추로 만들어 다이어트가 필요할 때 특히 추천하는 메뉴입니다. 이 레시피로 이제 다이어트도 맛있게 하세요!

| 이 재료를 활용할 수 있는 다른 메뉴 | 031쪽 원팬 깻잎 참치 파스타, 115쪽 김치 참치 덮밥
163쪽 물 비빔국수, 213쪽 참치 달걀찜
305쪽 순대볶음 |

1 재료 준비하기

- 양배추 100g을 1cm 두께로 채 썬다.
- 양파 1/2개를 채 썬다.
- 참치캔은 기름을 빼고 준비한다.

 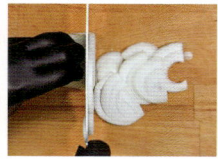 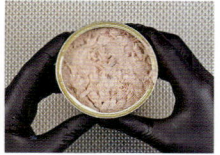

2 조리하기

- 팬에 올리브유 2T를 두르고 중불로 예열한다.
- 양배추와 양파를 넣은 뒤 숨이 죽고 양파가 투명해질 때까지 볶는다.
- 볶은 양배추와 양파를 팬 한쪽으로 모은다.
- 팬의 빈 공간에 진간장 1T와 굴소스 1T를 넣고 끓인다.

  tip 간장과 굴소스는 한 번 볶아주면 풍미가 더 좋아집니다.

- 끓기 시작하면 재료와 소스를 골고루 섞는다.
- 약불로 줄이고, 참치와 다진 마늘 1T를 넣어 가볍게 섞는다.
- 팬 가운데에 공간을 만들어 달걀을 넣고 뚜껑을 덮어 반숙으로 익힌다.

3 완성

- 그릇에 밥을 담고 밥 위에 볶은 재료를 올리고 반숙 달걀을 얹는다.
- 후춧가루, 통깨, 파슬리 가루를 뿌려 마무리한다.

재료(필수)

밥 1인분(210g)
스팸 100g
올리브유 3T
다진 마늘 2T
맛소금 1/6T
버터 10g

재료(선택)

파슬리 가루 적당량

"마늘 스팸 볶음밥"은 고소한 풍미와 짭짤한 맛의 조화가 일품인 메뉴인데요. 스팸의 짭짤한 맛과 마늘의 고소한 풍미가 고슬한 밥과 만나 완벽한 한 끼를 완성합니다. 입맛 없을 때 최소한의 재료로 간편하고 맛있게 즐길 수 있는 볶음밥 레시피로 강력 추천합니다.

이 재료를 활용할 수 있는 다른 메뉴

119쪽 원팬 스팸마요 덮밥
201쪽 감자채 스팸 볶음

1 재료 준비하기

- 스팸 100g을 알맞은 크기로 깍둑 썬다.
- 밥 1인분(210g)을 식혀 둔다.

  tip 즉석밥은 껍질을 완전히 제거한 후 전자레인지에 돌리면 더욱 꼬들꼬들한 식감을 얻을 수 있습니다.

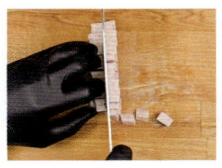 

2 조리하기

- 팬에 올리브유 3T를 넣고 중불에서 스팸을 노릇하게 익힌다.
- 약불로 줄인 후 다진 마늘 2T를 넣고 마늘 향이 날 때까지 볶는다.

  tip 깐 마늘을 다져서 사용하면 더 맛있습니다.

  tip 냉동 다진 마늘을 사용할 경우 해동 후 키친타월로 물기를 꼭 제거해 주세요.

- 마늘 향이 올라오면 밥을 넣고 섞는다.
- 맛소금 1/6T, 버터 10g을 넣고 한 번 더 볶아준다.

3 완성

- 그릇에 마늘 스팸 볶음밥을 올려 모양을 잡는다.

  tip 밥공기에 담아 접시에 뒤집으면 보기 좋게 담을 수 있습니다.

- 파슬리 가루를 뿌려 마무리한다.

재료(필수)

사리곰탕면 1개
올리브유 3T
다진 마늘 1T
고춧가루 1.5T
물 550ml(3컵)
땅콩버터 3T

재료(선택)

후춧가루 적당량
통깨 적당량
삶은 달걀 1개
소금 적당량

"야매 탄탄면" 은 사리곰탕면과 땅콩버터를 사용해 간단하면서도 깊고 고소한 맛을 즐길 수 있는 첫 번째 사리곰탕 레시피인데요. 마늘 고추기름으로 매콤한 풍미를 더하고, 땅콩버터로 부드럽고 진한 고소함을 더해 마치 식당에서 파는 탄탄면과 비슷한 맛을 만들어냅니다. 라면이 지겨울 때 이 레시피로 특별한 라면을 즐겨보세요!

| 이 재료를 활용할 수 있는 다른 메뉴 | 147쪽 야매 쇼유라멘
151쪽 야매 마라탕면 |

1 재료 준비하기

- 냄비에 올리브유 3T, 다진 마늘 1T를 넣고 중약불에서 마늘 향이 날 때까지 볶는다.

    tip 냄비의 두께가 얇다면 약불에서 마늘 기름을 내주세요.

- 불을 끈 후 고춧가루 1.5T를 넣고 잔열로 고추기름을 낸다.

    tip 고춧가루가 촉촉해지면 됩니다.

2 조리하기

- 냄비에 물 550ml(3컵), 사리곰탕면 분말수프, 땅콩버터 3T를 넣고 강불에서 끓인다.
- 끓기 시작하면 면을 넣어 익힌다.
- 간을 보고 기호에 따라 물, 땅콩버터, 소금으로 간을 맞춘다.

3 완성

- 그릇에 익힌 면과 국물을 차례로 옮겨 담는다.
- 사리곰탕면 후레이크, 후춧가루, 통깨를 취향껏 뿌린다.

  tip 통깨는 부숴서 넣으면 고소한 향이 더욱 강해집니다.
- 삶은 달걀을 반으로 잘라 올린다.

  tip 파채*를 추가하면 더욱 맛있습니다.

- 대파의 흰 부분과 초록 부분을 나눠 깨끗이 손질한 뒤, 세로로 갈라 속을 제거하고 얇게 채 썰어 주세요. 찬물에 5~10분 담가 매운맛을 뺀 후 물기를 제거하면 아삭한 파채가 완성됩니다.

재료(필수)

사리곰탕면 1개
대패삼겹살 100g(약 3컵)
물 550ml(3컵) + 4T
다진 마늘 1/2T
진간장 2T

재료(선택)

숙주 한 줌
삶은 달걀 1개
후춧가루
조미김 2장
소금 적당량

"야매 쇼유라멘" 은 사리곰탕면을 활용한 두 번째 레시피입니다.
짭조름한 간장의 풍미와 부드러운 대패삼겹살이 어우러져
집에서도 간단하게 라멘 맛을 즐길 수 있는 레시피인데요. 국물이
정말 맛있어서 밥을 말아 드셔도 좋습니다.

이 재료를 활용할 수 있는 다른 메뉴	143쪽 야매 탄탄면 151쪽 야매 마라탕면, 155쪽 원팬 짜장면 209쪽 대패삼겹살 숙주찜

1 재료 볶기

- 냄비에 대패삼겹살 100g(약 3컵)과 물 4T를 넣고 고기의 핏기가 사라질 때까지 중강불에서 익힌다.

  tip 물을 넣고 구우면 기름도 튀지 않고, 고기가 잘 타지 않습니다.

- 다진 마늘 1/2T, 진간장 2T를 넣고 함께 볶은 후 불을 끈다.

2 조리하기

- 냄비에 물 550ml(3컵), 사리곰탕면 분말수프를 넣고 강불에서 끓인다.
- 물이 끓기 시작하면 면을 넣는다.
- 면이 익으면 불을 끄고 숙주 한 줌을 넣은 뒤 숨을 죽인다.
- 간을 보고 기호에 따라 물, 소금, 진간장으로 간을 맞춘다.

3 완성

- 그릇에 면, 숙주, 고기, 국물을 차례로 담는다.
- 사리곰탕면 후레이크, 후춧가루를 뿌려 마무리한다.
- 기호에 따라 삶은 달걀, 조미김 등을 추가한다.

야매 마라탕면

2장 초간단 밥 & 면 요리

재료(필수)

사리곰탕면 1개
차돌박이 100g
다진 마늘 1T
고춧가루 1/2T
마라소스 1.5T
진간장 1T
물 550ml(3컵)
느타리버섯* 100g
청경채 1개

재료(선택)

마요네즈** 1T
땅콩버터 1/2T
소금 적당량
후춧가루 적당량

"야매 마라탕면" 은 사리곰탕면을 활용한 세 번째 레시피로, 마라탕 전문점의 맛을 집에서도 간편하게 즐길 수 있게 만든 레시피입니다. 얼얼한 마라소스와 고소한 차돌박이 그리고 사리곰탕면이 어우러져 아주 손쉽게 파는 맛을 느끼실 수 있으니 꼭 한번 따라 해 보세요.

- * 느타리버섯 대신 팽이버섯 등 다른 버섯을 사용해도 됩니다.
- ** 마요네즈 대신 우유 1/4컵 정도 추가하셔도 됩니다.

이 재료를 활용할 수 있는 다른 메뉴	039쪽 원팬 토마토 국물 파스타 143쪽 야매 탄탄면 147쪽 야매 쇼유라멘

1 재료 준비하기

- 느타리버섯 100g의 밑동을 제거하고 먹기 좋게 손으로 뜯는다.
- 청경채는 알맞은 크기로 큼직하게 썬다.

2 조리하기

- 냄비나 웍에 차돌박이 100g을 넣고 고기의 핏기가 사라질 때까지 중불에서 볶는다.
- 다진 마늘 1T를 넣고 마늘 향이 날 때까지 볶는다.
- 약불로 줄이고 고춧가루 1/2T, 마라소스 1.5T, 진간장 1T를 넣고 한 번 더 볶는다.
- 물 550ml(3컵), 사리곰탕면 분말수프, 마요네즈 1T, 느타리버섯을 넣고 강불에서 끓인다.
- 물이 끓기 시작하면 면을 넣고 익힌다.
- 면이 풀어지면 준비된 청경채를 넣는다.

3 간 맞추기

- 간을 보고 기호에 따라 물, 진간장, 소금, 마라소스로 간을 맞춘다.
  tip 취향에 따라 땅콩버터 1/2T를 추가해도 좋습니다.
- 면이 원하는 정도로 익으면 불을 끈다.

4 완성

- 그릇에 면, 국물, 건더기를 차례로 옮긴다.
- 후춧가루와 사리곰탕면의 후레이크를 뿌려 마무리한다.

재료(필수)

중화면 1개(250g)
식용유 3T
양파 1개
냉동 대패삼겹살* 150g
맛소금 1/6T
다진 마늘 1/2T
설탕 1T
물 180ml(1컵)

소스 재료

굴소스 1T
진간장 1T
춘장 2T

재료(선택)

달걀 1개
대파 적당량
고춧가루 적당량

"원팬 짜장면" 은 쫄깃한 중화면과 짭조름하고 깊은 풍미의 짜장 소스가 한 팬에서 완성되는 초간단 레시피입니다. 집에서 구하기 쉬운 최소한의 재료로 간편하게 짜장면을 완성할 수 있으니 배달시키자니 애매할 때 집에서 뚝딱 만들어보세요.

- 냉동 대패삼겹살 대신 삼겹살, 목살, 앞다리살 등 다른 부위를 사용하셔도 됩니다.

이 재료를 활용할 수 있는 다른 메뉴

147쪽 야매 쇼유라멘
209쪽 대패삼겹살 숙주찜

1 재료 준비하기

- 양파 1개를 채 썬다.

  tip 기호에 따라 깍둑썰기를 해도 됩니다.

- 대파를 넣을 경우, 어슷 썰어 준비한다.
- 팬에 식용유 3T를 두르고 반숙 달걀프라이를 만든 뒤 잠시 빼둔다.

2 재료 볶기

- 팬에 양파를 넣고 약 3분간 양파를 그대로 둔다.

  tip 3분 정도 그대로 두어도 양파의 수분으로 타지 않고 잘 구워집니다.

- 냉동 대패삼겹살 150g, 맛소금 1/6T, 다진 마늘 1/2T를 넣고 삼겹살의 핏기가 사라질 때까지 볶는다.
- 그 위로 설탕 1T를 추가하여 한 번 섞어준다.

3 소스 만들기

- 팬에 공간을 만들어 굴소스 1T, 진간장 1T, 춘장 2T를 넣고 기름에 볶는다.

  tip 이때 기름이 부족하면 식용유를 추가하시면 됩니다.

- 소스와 야채, 고기를 함께 잘 섞은 후 불을 끈다.

  tip 이때 면을 따로 삶아 찬물에 헹군 후 완성된 소스를 부어주면 간짜장이 됩니다.

4 짜장면 조리하기

- 팬에 물 180ml(1컵), 중화면 1개(250g)를 넣고 중강불로 면을 익히며 졸인다.
- 물이 졸아들면 면의 상태를 확인하고 필요에 따라 물을 추가하거나 불의 강도를 조절한다.
- 간을 보고 기호에 따라 물, 맛소금으로 간을 맞춘다.

5 완성

- 그릇에 옮긴 후, 반숙 달걀프라이, 파, 고춧가루 등을 추가하여 마무리한다.

재료(필수)

소면 1인분(100g)

양념장 재료

설탕 1T
맛소금 1/6T
고춧가루 1/2T
고추장 1T
진간장 1T
식초 1T
참기름 1T
올리고당* 1T
(핵)불닭소스 1/2T

재료(선택)

통깨 적당량
삶은 달걀

"삼쁠 비빔국수"는 쫄깃한 소면과 새콤달콤하면서도 매콤한 양념이 완벽하게 어우러진 레시피로 자극적인 맛이 생각날 때 쉽게 즐길 수 있는 맛있는 면 요리입니다. 더운 날씨나 가볍게 한 끼를 해결하고 싶을 때, 간단하게 입맛을 돋우는 비빔국수를 즐겨보세요!

- 올리고당 대신 물엿을 사용해도 됩니다.

이 재료를 활용할 수 있는 다른 메뉴

163쪽 물 비빔국수

1 양념장 만들기

- 양념 그릇에 설탕 1T, 맛소금 1/6T, 고춧가루 1/2T, 고추장 1T, 진간장 1T, 식초 1T, 참기름 1T, 올리고당 1T, (핵)불닭소스 1/2T를 넣고 함께 섞어 양념장을 만든다.

  tip 면을 삶는 동안 양념장을 만들면 요리 시간이 절약됩니다.

2 면 삶기

- 끓는 물에 소면 1인분(100g)을 넣고 제품 봉지에 적힌 시간만큼 삶는다.

  tip 물이 넘치려고 할 때마다 찬물을 넣어주며 보통 3~4분 정도 삶으면 됩니다.

  tip 소면 1인분은 500원짜리 동전 크기만큼 잡으면 됩니다.

- 삶은 면을 찬물에서 헹궈 전분기를 제거한 후 물기를 짜준다.

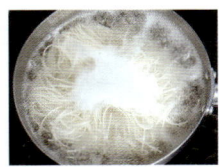 

3 완성

- 그릇에 면을 옮긴 후 준비된 양념장을 넣고 잘 섞어 마무리한다.

  tip 기호에 따라 삶은 달걀, 통깨, 양배추, 오이, 김가루 등을 추가해도 좋습니다.

물 비빔국수

2장 초간단 밥 & 면 요리

재료(필수)

소면 1인분(100g)
양배추 잎 2장
오이 취향껏
물 90ml(1/2컵)
냉면 육수 1팩(300ml)

양념장 재료

설탕 1T
소고기다시다* 1/3T
고춧가루 2/3T
다진 마늘 1/3T
진간장 1T
식초 2T
통깨 1T
고추장 1T
참기름 1/2T

재료(선택)

삶은 달걀 1개

"물 비빔국수"는 쫄깃한 소면에 아삭한 채소와 새콤달콤한 양념장을 더하고 시원한 냉면 육수까지 더해져 여름철에 특히 추천하는 면 요리인데요. 더운 여름 매콤 새콤하고 시원한 육수가 여러분의 집 나간 입맛을 찾아줄 겁니다.

---

* 소고기다시다 대신 치킨스톡을 사용해도 됩니다.

| 이 재료를 활용할 수 있는 다른 메뉴 | 159쪽 삼플 비빔국수
171쪽 김치 냉우동 |

1 재료 준비하기

- 양배추 잎 2장을 얇게 채 썬다.

  tip 양배추 대신 양파를 사용해도 좋습니다.

- 오이를 채칼로 길고 얇게 썬다.

  tip 채칼 대신 칼로 채 썰어도 됩니다.

2 양념장 만들기

- 양념 그릇에 설탕 1T, 소고기다시다 1/3T, 고춧가루 2/3T, 다진 마늘 1/3T, 진간장 1T, 식초 2T, 통깨 1T, 고추장 1T, 참기름 1/2T를 넣고 잘 섞어 양념장을 만든다.

  tip 면을 삶는 동안 양념장을 만들면 요리 시간이 절약됩니다.

3 면 삶기

- 끓는 물에 소면 1인분(100g)을 넣고 제품 봉지에 적힌 시간만큼 삶는다.

  tip 물이 넘치려고 할 때마다 찬물을 넣어주며 보통 3~4분 정도 삶으면 됩니다.

- 삶은 면을 찬물에서 헹궈 전분기를 제거한 후 물기를 짜준다.

4 양념 육수 만들기

- 양념장에 물 90ml(1/2컵), 시판용 냉면 육수 1팩(300ml)을 넣어 잘 섞는다.

  tip 냉면 육수를 살얼음이 생길 정도로 미리 얼려두면 더 시원하고 맛있습니다.

5 완성

- 그릇에 소면, 양배추, 오이를 차례로 올린다.
- 그 위로 양념 육수를 넉넉하게 뿌리고 통깨를 뿌려 마무리한다.
- 기호에 따라 삶은 달걀을 추가한다.

재료(필수)

메밀면 1인분(100g)
들깻가루 1T
구운 김* 2장

양념장 재료

설탕 1/2T
맛소금 1/5T
진간장 1T
들기름 3T

"들기름 막국수"는 알리오 올리오만큼 간편하면서도 질리지 않는 면 요리인데요. 들기름과 김의 고소한 향에 들깨의 향까지 더해져 풍미 가득한 매력적인 요리입니다. 간단한 재료들로 집에서 라면만큼 쉽게 만들 수 있어 야식으로도 추천합니다.

- 구운 김 대신 김밥 김을 사용하셔도 좋습니다.

| 이 재료를 활용할 수 있는 다른 메뉴 | 131쪽 버섯 들기름 비빔밥
285쪽 두부 브로콜리 구이 |

1 들기름 양념 만들기

- 양념 그릇에 설탕 1/2T, 맛소금 1/5T, 진간장 1T, 들기름 3T를 넣고 잘 섞어 양념장을 만든다.

  tip 면을 삶는 동안 양념을 만들면 시간이 절약됩니다.

2 면 삶기

- 끓는 물에 메밀면 1인분(100g)을 넣고 제품 봉지에 적힌 시간만큼 삶는다.

  tip 물이 넘치려고 할 때마다 찬물을 넣어주며 보통 4~5분 정도 삶으면 됩니다.

- 삶은 면을 찬물에 헹구고 물기를 제거한다.

3 완성

- 그릇에 면을 담고 면 위에 들기름 양념장을 뿌린다.
- 비닐에 김을 넣고 부순 후 면 위로 뿌린다.
- 들깻가루 1T를 뿌려 마무리한다.

  tip 기호에 따라 쪽파를 약간 추가해 주면 색감과 맛이 더욱 좋습니다.

김치 냉우동

2장 초간단 밥 & 면 요리

재료(필수)

우동면* 1개(200g)
김치 1/2컵
참기름 1/2T

육수 재료

냉면 육수 1팩(300ml)
물 180ml(1컵)
설탕 1/2T
치킨스톡 1/3T
식초 1T
김치 국물 3T

재료(선택)

대파** 적당량
김가루*** 적당량
삶은 달걀 1개
통깨 적당량

"김치 냉우동"은 시원한 육수와 쫄깃한 우동 면발에 매콤한 김치를 곁들인 요리입니다. 새콤 매콤한 육수와 탱글한 우동면이 잘 어우러져 간편하게 입맛을 돋울 수 있는 메뉴인데요. 입맛 없을 때나 특히 고기 구워 먹을 때 함께 곁들일 메뉴로 강력 추천합니다.

- • 우동면 대신 소면이나 다른 면을 사용해도 됩니다.
- •• 대파 대신 쪽파를 사용해도 됩니다.
- ••• 김가루 대신 조미김을 잘라 사용해도 됩니다.

이 재료를 활용할 수 있는 다른 메뉴	115쪽 김치 참치 덮밥 163쪽 물 비빔국수 175쪽 김치 우동

1 재료 준비하기

- 김치 1/2컵에 참기름 1/2T를 넣은 뒤 가위로 먹기 좋게 자른다.

  tip 김치의 신맛이 강하면 설탕을 추가하고, 약하면 식초를 넣어 신맛을 조절하세요.

- 기호에 따라 대파를 송송 썰어 준비한다.

2 육수 만들기

- 그릇에 냉면 육수 1팩(300ml), 물 180ml(1컵), 설탕 1/2T, 치킨스톡 1/3T, 식초 1T, 김치 국물 3T를 넣고 잘 섞어준다.

  tip 냉면 육수를 살얼음이 생길 정도로 미리 얼려두면 더 시원하고 맛있습니다.

  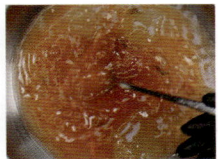

3 면 삶기

- 끓는 물에 우동면 1개(200g)를 넣고 삶는다.

  tip 우동면은 끓으면서 자연스럽게 풀어지니 강제로 풀지 마세요.

- 삶은 우동면을 찬물에 헹군 뒤 냉면 육수에 넣는다.

4 완성

- 준비한 김치 고명, 대파, 삶은 달걀, 김가루를 면 위에 올린다.
- 통깨를 뿌려 마무리한다.

재료(필수)

생생우동* 1개
잘 익은 김치 150g(1컵)
대파 20g(1/3컵)
콩나물 한 줌(50g)
어묵 2장(100g)
물 720ml(4컵)
고춧가루 1T
다진 마늘 1/2T
청양고추 1개

재료(선택)

팽이버섯 적당량
후춧가루 적당량
소금 적당량
참치액 적당량

"김치 우동" 은 쌀쌀한 날이면 생각나는 메뉴인데요. 잘 익은 김치와 쫄깃한 면발 그리고 매콤하고 뜨끈한 국물이 술 한잔할 때도 특히 생각나는 메뉴입니다. 시판 라면을 활용해 아주 간편하게 만들 수 있어 얼큰한 국물이 생각나는 겨울밤 야식으로 추천합니다.

- 생생우동 대신 우동면 1개, 참치액 2T, 국간장 1T를 사용하셔도 됩니다.

이 재료를 활용할 수 있는 다른 메뉴
115쪽 김치 참치 덮밥
171쪽 김치 냉우동

1 재료 준비하기

- 대파 20g(1/3컵)을 어슷 썬다.
- 청양고추 1개를 송송 썬다.
- 어묵 1장은 나무젓가락을 꽂아 꼬치로 만들고 나머지는 1장은 가늘게 채 썬다.

 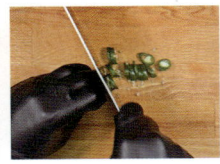 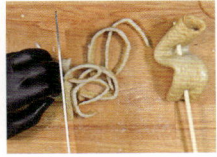

2 국물 만들기

- 냄비에 김치 150g(1컵), 대파, 콩나물 한 줌(50g), 어묵을 넣는다.

  tip 잘 익은 김치를 사용해야 맛이 가장 좋습니다.
- 물 720ml(4컵), 고춧가루 1T, 다진 마늘 1/2T, 생생우동 액상소스를 넣는다.

3 조리하기

- 재료가 담긴 냄비를 강불에서 끓이고, 끓기 시작하면 중불로 줄인다.
- 우동면을 넣어 풀어질 때까지 익힌다.
- 간을 보고 기호에 따라 물, 소금, 참치액으로 간을 맞춘다

4 완성

- 청양고추, 팽이버섯을 넣는다.
- 불을 끄고 후춧가루, 생생우동 후레이크를 뿌려 마무리한다.

재료(필수)

달걀 3개
두부면 1팩(100g)
대파 1대
맛소금 1/4T
올리브유 5T

재료(선택)

파슬리 가루 적당량

"다이어트 달걀 두부면" 은 다이어트 중 면 요리가 먹고 싶을 때 강추하는 요리입니다. 담백하고 고소한 두부면에 촉촉한 달걀을 더해 건강하고 든든한 한 끼 두부면 요리인데요. 저탄수임에도 단백질이 풍부하고 포만감이 좋아서 저 역시 다이어트할 때 자주 해 먹는 메뉴입니다.

이 재료를 활용할 수 있는 다른 메뉴

071쪽 원팬 파기름 달걀 파스타
193쪽 불닭 두부면 무침

1 재료 준비하기

- 대파 1대를 송송 썬다.

  tip 취향에 따라 양을 조절해도 되지만, 파가 많을수록 맛있습니다.
- 두부면 1팩(100g)을 물로 헹군 뒤 물기를 제거한다.

2 조리하기

- 팬에 올리브유 4T를 넣고 중불로 예열한다.
- 달궈진 팬에 파를 넣고 파기름을 내준다.
- 파 향이 나면 중약불로 줄이고 팬의 가운데에 공간을 만든다.
- 빈 공간에 달걀 3개를 넣고 반숙 달걀프라이를 만든다.
- 달걀의 흰자가 익으면 두부면을 넣고 달걀노른자와 잘 섞으며 익힌다.

3 간 맞추기

- 맛소금 1/4T, 올리브유 1T를 넣고 한 번 섞어준다.
- 간을 보고 기호에 따라 맛소금으로 간을 맞춘다.

4 완성

● 그릇에 옮긴 후 파슬리 가루를 뿌려 마무리한다.

재료(필수)

링귀니 파스타 1인분(120g)
방울토마토 8개
닭가슴살 1개(100g)
샐러드용 야채 믹스 150g

재료(선택)

삶은 달걀 1개
베이컨 크럼블 2T
캔 옥수수 2T

드레싱 재료

설탕 1/2T
건바질 1/2T
다진 마늘 1/3T
엑스트라 버진 올리브유 4T
진간장 3T
식초 2T
잘게 다진 양파 1/8개(2T)

"샐러드 파스타"는 파스타와 신선한 채소를 함께 즐길 수 있는 요리로, 건강하고 가벼운 식사를 원할 때 추천하는 메뉴입니다. 이 레시피에 나오는 드레싱은 샐러드에만 뿌려도 맛있으니 다양한 샐러드에 활용해 보세요.

- 새우, 훈제오리 등 다른 단백질 재료를 사용해도 됩니다.
- •• 샐러드 야채는 기호에 따라 자유롭게 넣어주세요.

1 재료 준비하기

- 방울토마토 8개를 반으로 자르고, 양파 1/8개는 잘게 다진다.
- 닭가슴살 1개(100g)와 삶은 달걀을 적당한 크기로 큼직하게 썬다.
- 야채를 깨끗이 씻은 뒤 큼직하게 썰어 준비한다.

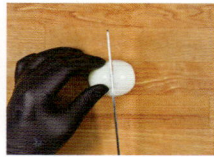

2 드레싱 만들기

- 그릇에 드레싱 재료를 모두 넣고 잘 섞는다.

  tip 드레싱의 비율을 유지하면 인원수에 맞춰 쉽게 양을 늘리거나 줄일 수 있습니다.

3 파스타 준비하기

- 끓는 물에 링귀니 파스타 1인분(120g)을 넣고 봉지에 표기된 시간 동안 삶는다.

  tip 파스타를 익히는 동안 재료 준비 및 드레싱 만들기를 하면 시간이 절약됩니다.
- 삶은 파스타는 찬물에 헹구어 물기를 제거한다.

  tip 차갑게 먹는 메뉴이니 파스타는 푹 삶아주는 게 좋습니다.

4 파스타 밑간하기

- 삶은 파스타에 드레싱의 절반을 미리 넣고 잘 섞어 간이 배게 한다.

  tip 파스타에 간이 배어 있어야 샐러드와 파스타의 맛이 따로 놀지 않습니다.

5 완성

- 밑간한 파스타를 접시에 담고, 준비한 샐러드 야채, 방울토마토, 닭가슴살을 올린다.
- 기호에 따른 토핑(삶은 달걀, 베이컨 크럼블, 옥수수캔 등)을 추가하고, 남은 드레싱을 뿌려 마무리한다.

초간단 5분 전자레인지 요리

3장

RECIPE BOOK

재료(필수)

깻잎 30장

양념장 재료

설탕 2T
고춧가루 2T
다진 마늘 1/2T
통깨 1T
진간장 4T
참치액 2T
물 6T
대파 1/2대

"깻잎무침"은 향긋한 깻잎에 간편한 양념장을 더해 감칠맛을 살린 밥도둑 전자레인지 반찬입니다. 달콤하고 짭조름한 양념이 깻잎에 스며들어 밥 한 그릇 뚝딱 비우게 만드는 가성비 좋은 반찬인데요. 전자레인지로 빠르고 간편하게 조리할 수 있어 바쁜 날에도 부담 없이 만들 수 있습니다.

| 이 재료를 활용할 수 있는 다른 메뉴 | 031쪽 원팬 깻잎 참치 파스타
131쪽 버섯 들기름 비빔밥
305쪽 순대볶음 |

1 재료 준비하기

● 대파 1/2대를 송송 썰고, 깻잎 30장은 잎 끝부분만 자른다.

2 양념장 만들기

● 양념장 그릇에 설탕 2T, 고춧가루 2T, 다진 마늘 1/2T, 통깨 1T, 진간장 4T, 참치액 2T, 물 6T, 대파를 넣고 잘 섞는다.

tip 깻잎의 양을 늘릴 때는 양념도 같은 비율로 늘리면 됩니다.

3 양념장과 깻잎 담기

● 내열 용기 바닥에 양념장을 두르고 그 위에 깻잎을 올린다.

tip 깻잎 장수가 많으면 2~3장씩 겹쳐 발라도 됩니다.

● 깻잎에 양념을 바른 후 깻잎을 겹겹이 올리는 과정을 반복한다.

tip 양념은 반 스푼씩 바르는 게 좋습니다.

4 전자레인지 돌리기

- 용기 뚜껑을 비스듬히 덮고 2분간 돌린다.

    tip 뚜껑이 없다면 랩으로 감싼 후 구멍을 뚫어주세요.

5 완성

- 그릇에 깻잎무침을 옮겨 담아 마무리한다.

재료(필수)

두부면 1팩(100g)
대파 흰 부분 약간(25g)
통깨 취향껏

소스 재료

설탕 1T
고춧가루 1/2T
다진 마늘 1/2T
참기름 2T
(핵)불닭소스 1.5T

재료(선택)

레몬즙 또는 식초 약간

"불닭 두부면 무침" 은 매운맛이 당길 때 간편하게 즐길 수 있는 안주이자 반찬입니다. 담백하고 고소한 두부면에 불닭소스로 만든 매콤 달달한 양념, 여기에 향긋한 파채를 곁들여 완성하는 색다른 무침 요리인데요. 불을 사용하지 않아 간단하면서도 비주얼과 맛 모두 훌륭해 매콤한 소스를 좋아하시는 분들께 자신 있게 추천합니다.

| 이 재료를 활용할 수 있는 다른 메뉴 | 083쪽 원팬 불닭 치즈 파스타
179쪽 다이어트 달걀 두부면, 275쪽 불닭 로제 떡볶이
309쪽 불닭 닭목살 구이, 333쪽 불닭 간장 치킨구이 |

1 재료 준비하기

- 대파의 흰 부분 25g을 얇게 채 썰어 파채를 만든다.
- 두부면 1팩(100g)을 물로 헹군 뒤 물기를 제거한다.

2 소스 만들기

- 소스 그릇에 설탕 1T, 고춧가루 1/2T, 다진 마늘 1/2T, 참기름 2T, (핵)불닭소스 1.5T를 넣고 섞는다.

  tip 불닭소스는 시간이 지나면 기름과 소스가 분리될 수 있으므로 사용 전 잘 흔들어줍니다.

3 전자레인지 돌리기

- 내열 용기에 두부면을 넣고 랩으로 감싼 뒤 구멍을 뚫고 전자레인지에서 약 3분간 데운다.
- 잘 익힌 두부면을 골고루 풀어준 뒤 준비한 소스를 넣어 잘 섞는다.

  tip 긴 두부면은 먹기 좋게 가위로 잘라도 됩니다.

4 완성

- 그릇에 두부면을 옮긴 후 준비한 파채와 통깨를 뿌려 마무리한다.

  tip 기호에 따라 레몬즙이나 식초를 살짝 추가해도 좋습니다.

재료(필수)

비엔나소시지 1봉지(240g)
양파 1/2개
냉동 야채 믹스* 적당량
청양고추 2개

소스 재료

설탕 2T
고춧가루 1T
진간장 1T
굴소스 1T
케첩 2T

재료(선택)

통깨 적당량

"소시지 야채 볶음"은 비엔나소시지와 다양한 채소를 매콤달콤한 양념으로 볶아내 남녀노소 누구나 좋아할 요리인데요. 간단한 반찬, 도시락 메뉴, 술안주로도 훌륭한 소시지 야채 볶음을 전자레인지로 더욱 쉽게 만들어보세요.

- 냉동 야채 믹스 대신 파프리카, 브로콜리, 당근 등 기호에 맞는 다른 야채를 사용해도 됩니다.

이 재료를 활용할 수 있는 다른 메뉴	087쪽 원팬 나폴리탄 파스타 239쪽 에그인헬(샥슈카) 275쪽 불닭 로제 떡볶이

1 재료 준비하기

- 비엔나소시지에 칼집을 낸다.

    tip 칼집을 내야 전자레인지로 돌릴 때 소시지가 안 터집니다. 소시지 끝을 두 번 잘라 문어 다리 모양으로 칼집을 내거나 앞뒤로 칼집을 여러 번 내주시면 됩니다.

- 양파 1/2개는 깍둑 썰고, 청양고추 2개는 송송 썬다.
- 냉동 야채 믹스는 전자레인지로 해동한 후 먹기 좋은 크기로 썬다.

2 소스 만들기

- 소스 그릇에 설탕 2T, 고춧가루 1T, 진간장 1T, 굴소스 1T, 케첩 2T를 넣고 잘 섞어준다.

3 전자레인지 돌리기

- 내열 용기에 준비된 재료와 소스를 여러 번에 나눠 넣어주며 섞는다.

  tip 소스와 재료를 한 번에 다 넣으면 섞기가 불편하니 여러 번 나눠 넣으면서 섞어주세요.

- 용기 뚜껑을 비스듬히 덮거나 랩으로 감싸 구멍을 내고 3분간 돌린다.
- 재료를 한 번 섞어주고 다시 2분 더 돌린다.

  tip 내용물이 익는 상태에 따라 시간을 조절해 주세요.

4 완성

- 그릇에 소시지와 야채를 옮겨 담고, 청양고추와 통깨를 뿌려 마무리한다.

  tip 매콤한 맛을 좋아한다면 청양고추를 더 추가해 주세요.

재료(필수)

감자 2개(200g)
스팸 작은 캔 1개(200g)
양파 1/2개
맛소금 1/4T
참기름 1T

재료(선택)

후춧가루 적당량
통깨 적당량

"감자채 스팸 볶음" 은 불을 쓰지 않고 전자레인지로 간편하게 만들 수 있는 요리입니다. 감자의 고소하면서도 담백한 맛과 스팸의 짭짤한 풍미가 어우러져 밥반찬은 물론이고 맥주 안주로도 훌륭한 메뉴인데요. 간단한 재료로 쉽게 만들 수 있어 요리에 익숙하지 않은 분들께도 추천하는 밥도둑 메뉴입니다.

이 재료를 활용할 수 있는 다른 메뉴	119쪽 원팬 스팸마요 덮밥 139쪽 마늘 스팸 볶음밥 217쪽 야매 감자 수프

1 재료 준비하기

- 감자 2개(200g)의 껍질을 제거 후 채 썰어준다.
- 채 썬 감자를 물에 약 5분 정도 담가 전분기를 뺀다.

  tip 전분기를 빼야 깔끔한 맛이 납니다.
- 양파 1/2개와 스팸 1캔(200g)도 감자와 비슷한 두께로 채 썬다.

2 전자레인지 돌리기

- 내열 용기에 감자채와 스팸을 넣고 뚜껑을 비스듬히 덮어 4분간 돌린다.

  tip 뚜껑이 없다면 랩으로 감싼 후 구멍을 뚫어주세요.
- 양파를 넣고 다시 4분 더 돌린다.

3 완성

- 잘 익은 감자채와 스팸에 맛소금 1/4T, 후춧가루, 참기름 1T를 넣고 잘 섞는다.
- 통깨를 뿌려 마무리한다.

진미채
고추장
볶음

3장 초간단 5분 전자레인지 요리

재료(필수)

진미채 100g
마요네즈 2T

소스 재료

설탕 2T
고춧가루 1T
다진 마늘 1/3T
고추장 2T
참치액 1T
참기름 1T
물엿 2T
물 2T

재료(선택)

통깨 적당량

"진미채 고추장 볶음"은 제가 가장 좋아하는 반찬 중 하나로 '밥도둑' 하면 가장 먼저 떠오르는 반찬인데요. 쫄깃한 진미채에 매콤달콤한 고추장 양념이 밥 한 공기를 순식간에 비우게 할 만큼 밥과 무척 잘 어울리는 반찬입니다. 냉장고에 보관해 두고 며칠 동안 꺼내 먹기도 좋아서 도시락 반찬이나 비상식량으로도 추천합니다.

---

1 재료 준비하기

- 그릇에 진미채 100g을 넣고 물에 약 5분간 불린다.
  tip 진미채를 물에 불리면 더욱 부드러워집니다. 오래된 진미채의 경우 꼭 물에 불려주세요.
- 불린 진미채를 먹기 좋은 크기로 자르고 마요네즈 2T를 넣어 잘 섞어준다.
  tip 마요네즈를 넣으면 좀 더 부드러운 맛을 낼 수 있습니다.

2 소스 만들기

- 내열 용기에 설탕 2T, 고춧가루 1T, 다진 마늘 1/3T, 고추장 2T, 참치액 1T, 참기름 1T, 물 2T, 물엿 2T를 넣고 잘 섞는다.
- 준비된 소스를 전자레인지로 1분간 돌린다.
  tip 소스가 한 번 끓어오를 정도로만 돌려주시면 됩니다.

3 완성

- 완성된 소스를 진미채에 넣어 골고루 섞어주고 반찬통에 옮긴다.
- 통깨를 뿌려 마무리한다.

대패삼겹살 숙주찜

> 3장 초간단 5분 전자레인지 요리

재료(필수)

대패삼겹살 150g(4컵)
숙주 100g(3컵)
양파 1/2개
맛소금 1/2T
후춧가루 취향껏

소스 재료

설탕 1T
진간장 2T
식초 1T
연겨자* 1/4T
물 2T
국물 소스 2T

"대패삼겹살 숙주찜" 은 전자레인지를 활용해 간편하게 만드는 반찬이자 단품 요리로도 손색없는 메뉴인데요. 숙주의 아삭한 식감과 대패삼겹살의 고소한 풍미가 잘 어우러져 간단하면서도 부담 없이 즐길 수 있는 훌륭한 야식이기도 합니다. 기호에 따라 다양한 소스를 곁들이면 더욱 맛있게 즐길 수 있습니다.

- 연겨자 대신 청양고추를 썰어 넣어도 좋습니다.

이 재료를 활용할 수 있는 다른 메뉴	147쪽 야매 쇼유라멘 155쪽 원팬 짜장면

1 재료 준비하기

- 양파 1/2개를 채 썰어 준비한다.
- 내열 용기에 숙주 50g을 고르게 펼쳐놓고 채 썬 양파 절반을 숙주 위에 올린다.
  tip 양파는 고기 냄새를 잘 잡아줍니다.
- 다시 그 위로 대패삼겹살 150g(4컵)을 올린 후 남은 숙주와 양파로 대패삼겹살을 덮는다.
- 맛소금 1/2T와 후춧가루를 취향껏 뿌린다.

2 전자레인지 돌리기

- 재료가 담긴 용기를 랩으로 감싼 후 구멍을 여러 개 뚫어준다.
- 전자레인지로 약 5분간 고기가 익을 때까지 돌린다.
  tip 고기가 익는 상태에 따라 전자레인지 돌리는 시간을 조절해 주세요.

3 소스 만들기

- 소스 그릇에 설탕 1T, 진간장 2T, 식초 1T, 연겨자 1/4T를 넣고 잘 섞는다.
  tip 기호에 따라 간장소스, 칠리소스 등과 같은 다양한 소스를 함께 곁들이면 좋습니다.
- 물 2T 또는 대패삼겹살 숙주찜 국물 2T를 넣어 소스를 만든다.

재료(필수)

달걀 3개
맛소금 1/4T
참치액* 1T
참기름 1/2T
물 150ml(달걀 1알 : 물 50ml)
참치캔 1캔

재료(선택)

대파 또는 쪽파 소량

"참치 달걀찜" 은 전자레인지 레시피에 빠질 수 없는 메뉴인데요. 단백질도 보충하면서 바쁜 아침에도 빠르게 만들어 먹을 수 있는 영양 가득한 메뉴이기도 합니다. 부드럽고 촉촉한 달걀찜에 고소한 참치가 더해져 간단한 술안주로도 추천합니다. 사 먹자니 비싸고, 만들자니 귀찮은 달걀찜을 이제 전자레인지로 손쉽게 만들어보세요.

- 참치액 대신 꽃게액 또는 맛소금을 조금 더 넣어주셔도 좋습니다.

이 재료를 활용할 수 있는 다른 메뉴	031쪽 원팬 깻잎 참치 파스타 115쪽 김치 참치 덮밥 135쪽 다이어트 양배추 참치 덮밥

1 재료 준비하기

- 대파나 쪽파를 송송 썰어 준비한다.
- 그릇에 달걀 3개를 넣고 잘 풀어준다.
- 맛소금 1/4T, 참치액 1T, 참기름 1/2T, 물 150ml를 넣고 달걀물과 잘 섞는다.
  tip 물의 양은 달걀 1개당 50ml로 조절하면 됩니다.
- 내열 용기에 기름을 제거한 참치캔 1개를 넣고, 준비한 달걀물을 붓는다.
  tip 부드러운 달걀찜을 원하면 달걀물을 체에 한 번 걸러준 후 사용하세요.
- 준비한 대파나 쪽파를 올려준다.

2 전자레인지 돌리기

- 재료가 담긴 용기에 뚜껑을 비스듬히 덮거나 랩으로 감싼 후 구멍을 뚫는다.
- 전자레인지로 약 5분간 돌린다.
  tip 2~3분 단위로 익힘 상태를 확인하고 익힘 정도에 따라 돌리는 시간을 조절해 주세요.

3 완성

- 달걀찜이 잘 익었는지 확인한 후 꺼내 마무리한다.

재료(필수)

감자 큰 것 1개
물 90ml(1/2컵) + 180ml(1컵)
버터 10g
크림수프 분말 2T
체더치즈 1장

재료(선택)

바게트나 식빵
후춧가루 약간
파슬리 가루 약간

"야매 감자 수프"는 추운 날 뜨끈한 수프가 생각날 때 만들어 먹기 좋은 메뉴입니다. 부드럽고 고소하면서도 감자의 담백함과 크리미한 질감이 매력적인 요리인데요. 간단한 재료로도 깊고 풍부한 맛을 낼 수 있어 아침 식사, 브런치, 가벼운 저녁 메뉴로 추천합니다. 믹서기나 불 사용 없이 전자레인지 하나로 누구나 쉽고 간편하게 만들 수 있습니다.

| 이 재료를 활용할 수 있는 다른 메뉴 | 201쪽 감자채 스팸 볶음 |

1 재료 준비하기

- 감자 1개의 껍질을 깎는다.
- 내열 용기에 감자 1개와 물 90ml(1/2컵)를 넣고 뚜껑을 비스듬히 덮는다.
  tip 뚜껑이 없다면 랩으로 감싼 후 구멍을 뚫어도 됩니다.
- 전자레인지로 약 7분간 감자를 익힌다.
  tip 감자를 잘라서 넣으면 익히는 시간을 단축할 수 있습니다.

2 조리하기

- 익힌 감자에 버터 10g을 넣고 감자를 으깨며 섞는다.
- 크림수프 분말 2T, 물 180ml(1컵)를 넣고 잘 풀어준 후 다시 전자레인지로 약 2분간 돌린다.

3 빵 준비하기(선택)

- 바게트나 식빵을 에어프라이어 180도에서 2~3분간 바삭하게 구워준다.
  tip 오븐, 팬, 토스트기 등 집에 있는 조리도구를 사용해 구워주세요.
- 수프와 함께 한입에 떠먹기 좋은 크기로 자른다.
  tip 자르지 않고 찍어 먹어도 맛있습니다.

4 완성

- 완성된 수프에 후춧가루를 뿌리고 체더치즈 1장을 올린다.
- 잘라둔 바게트나 식빵을 곁들여 주고, 파슬리 가루를 뿌려 마무리한다.

재료(필수)

파스타 1인분(120g)
물 300ml(1컵 반)
맛소금 1/5T
버터 10g
토마토스파게티 소스 1컵(10T)
체더치즈 1장
모차렐라 치즈 50g

재료(선택)

페퍼로니 햄* 취향껏
올리브 취향껏
파슬리 가루

"토마토 치즈 파스타"는 전자레인지로 10분이면 만들 수 있는 초간단 파스타입니다. 설거지를 최소화하면서도 풍부한 치즈와 토마토소스가 어우러져 파는 맛처럼 즐길 수 있는 레시피인데요. 파스타를 먹고 싶은데 불을 사용하기 귀찮을 때 간편하게 만들어서 즐겨 보세요.

- 페퍼로니 대신 소시지, 닭가슴살 등 기호에 맞는 재료를 사용해도 좋습니다.

| 이 재료를 활용할 수 있는 다른 메뉴 | 039쪽 원팬 토마토 국물 파스타
043쪽 원팬 토마토 치킨스튜 파스타
047쪽 원팬 로제 파스타, 239쪽 에그인헬(샥슈카)
247쪽 1인용 시카고 피자, 255쪽 마르게리타 피자
259쪽 페퍼로니 피자 |

1 파스타 면 삶기

- 내열 용기에 파스타 면 1인분(120g)을 반으로 잘라 넣는다.
- 맛소금 1/5T, 물 300ml(1컵 반)를 넣고 면이 충분히 잠기도록 한다.
- 전자레인지로 파스타 봉지에 표시된 시간만큼 돌린다.

    tip 중간에 익힘 정도를 확인하고, 너무 딱딱하면 30초씩 추가로 돌려주세요.

2 물 제거와 버터 섞기

- 물을 1~2T 정도만 남기고 나머지는 버린다.
- 버터 10g을 넣고 면과 잘 섞어준다.

3 소스와 토핑 추가

- 토마토스파게티 소스 1컵(10T)을 넣고 잘 비벼준다.
- 체더치즈 1장과 페퍼로니, 올리브 등을 기호에 맞게 추가한다.
- 모차렐라 치즈 50g을 넉넉하게 뿌린다.
- 다시 전자레인지에 넣고 치즈가 녹을 때까지 돌린다.

4 완성

● 파슬리 가루를 뿌려 마무리한다.

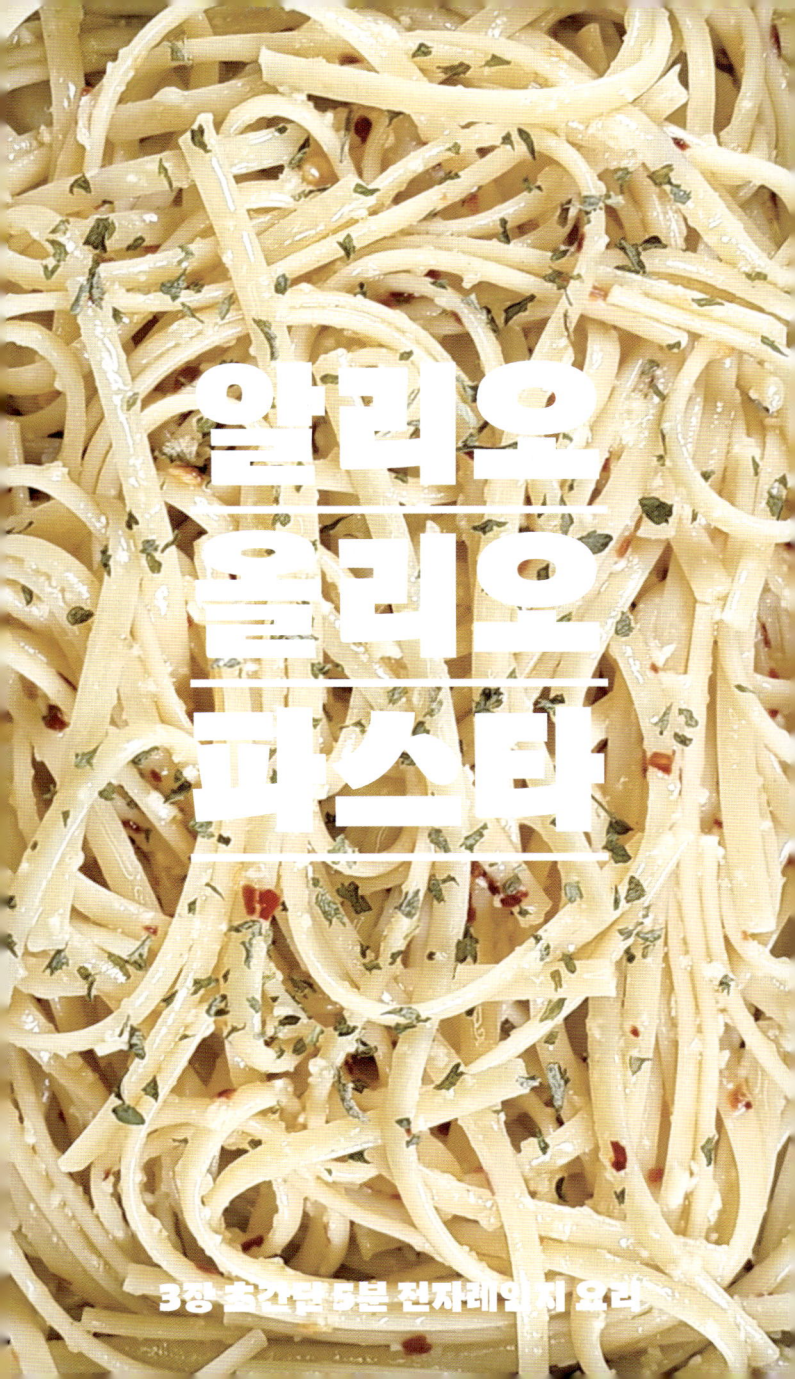

재료(필수)

링귀니 파스타 1인분(120g)
참치액 1T
물 360ml(2컵)
엑스트라 버진 올리브유 4T + 추가 1T
크러쉬드 레드페퍼* 1/2T
다진 마늘 1T + 추가 1/4T

재료(선택)

맛소금 적당량
파슬리 가루 적당량

"알리오 올리오 파스타"는 제가 정말 좋아하는 알리오 올리오 파스타를 '원팬 알리오 올리오보다 더 쉽게 만들 수 있는 방법은 없을까?'라는 고민에서 시작된 레시피입니다. 제가 정말 많은 시행착오와 테스트를 통해 만들어낸 레시피이기 때문에 따라 해 보시면 절대 후회 안 하실 겁니다.

- 크러쉬드 레드페퍼 대신 페페론치노, 베트남고추, 건고추, 청양고추를 사용해도 됩니다.

| 이 재료를 활용할 수 있는 다른 메뉴 | 019쪽 원팬 알리오 올리오 파스타 |

1 파스타 면 삶기

- 전자레인지 사용이 가능한 용기에 링귀니 파스타 1인분(120g)을 반으로 잘라 넣는다.
- 참치액 1T, 물 360ml(2컵)를 넣고 면이 충분히 잠기도록 한다.
- 전자레인지로 파스타 봉지에 표시된 시간만큼 돌린다.

  tip 중간에 익힘 정도를 확인하고, 너무 딱딱하면 30초씩 추가로 돌려주세요.

- 물 3~4T 정도만 남기고 나머지는 버린다.
- 엑스트라 버진 올리브유 1T를 넣고 면과 잘 섞은 후 뚜껑을 잠시 덮어둔다.

  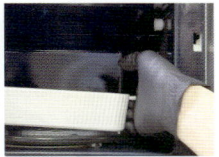

2 마늘 고추기름 만들기

- 내열 용기에 크러쉬드 레드페퍼 1/2T, 다진 마늘 1T, 올리브유 4T를 넣고 섞는다.

  tip 크러쉬드 레드페퍼의 양으로 매운맛의 강도를 조절하세요.

- 전자레인지로 약 1분 돌려준다.

  tip 파스타 면을 삶는 동안 마늘 고추기름을 만들면 시간이 절약됩니다.

3 소스화(유화)

- 면에 마늘 고추기름을 넣고 잘 섞는다.
- 전자레인지로 30초간 돌린다.

4 완성

- 간을 보고 기호에 따라 맛소금으로 간을 맞춘다.
- 다진 마늘 1/4T를 넣고 잘 섞는다.
- 파슬리 가루를 뿌려 마무리한다.

재료(필수)

당면 100g
양파 1/2개
당근 20g
느타리버섯* 50g
부추** 20g
물 3T
잡채용 돼지고기 100g

재료(선택)

통깨 적당량
맛소금 적당량

소스 재료

설탕 1T
맛소금 1/4T
후춧가루 1/4T
다진 마늘 1/2T
진간장 2T
참기름 2T + 1T

"초간단 잡채"는 '명절 음식' 하면 가장 먼저 잡채가 떠오르지만 해 먹자니 엄두가 나지 않아 누구나 쉽게 따라 할 수 있게 제 스타일로 만들어본 레시피입니다. 그동안 잡채 만들기가 어렵게 느껴졌다면 이 레시피대로 한번 만들어보세요. 생각보다 훨씬 쉽고 맛있어서 특히 초보자분들께 추천합니다.

- * 느타리버섯 대신 표고버섯이나 다른 버섯을 사용해도 좋습니다.
- ** 부추 대신 시금치를 사용해도 좋습니다.

1   재료 준비하기

- 당면 100g을 물에 넣고 30분간 불린다.

  tip 반드시 30분 이상 불려주세요.

- 양파 1/2개와 당근 20g을 얇게 채 썰고, 부추 20g은 약 4cm 길이로 썬다.
- 느타리버섯 50g의 밑동을 자르고 손으로 찢는다.

2   소스 만들기

- 소스 그릇에 설탕 1T, 맛소금 1/4T, 후춧가루 1/4T, 다진 마늘 1/2T, 진간장 2T, 참기름 2T를 넣고 잘 섞는다.

3   재료 쌓기

- 내열 용기에 준비된 당면을 넣고 물 3T를 뿌린다.
- 그 위에 돼지고기 100g을 잘 펼쳐 넣고 준비된 양파, 당근, 버섯 순으로 펼쳐서 쌓는다.

  tip 가급적 재료 넣는 순서를 지켜주세요. 부추 대신 시금치를 사용할 경우 버섯 위로 올리면 됩니다.

4 전자레인지 돌리기

- 용기 뚜껑을 비스듬히 덮거나 랩으로 감싼 뒤 구멍을 뚫는다.
- 전자레인지로 처음 4분간 돌린 후 재료를 골고루 섞고 다시 3분간 돌린다.

  tip 전자레인지 종류와 재료 양에 따라 조리 시간이 다를 수 있으니 중간중간 상태를 확인하며 시간을 조절해 주세요.

5 완성

- 그릇에 잡채를 담고 준비된 부추와 소스를 넣고 섞는다.
- 참기름 1T, 통깨를 뿌려 마무리한다.

  tip 기호에 따라 맛소금과 참기름을 좀 더 추가해도 됩니다.

간장 달걀밥

3장 초간단 5분 전자레인지 요리

재료(필수)

즉석밥 1인분(210g)
달걀 1개
진간장 1T
참기름* 1/2T

재료(선택)

통깨 적당량

"간장 달걀밥"은 초간단 밥 요리에 빠질 수 없는 메뉴인데요.
따뜻한 밥에 고소한 달걀, 짭짤한 간장 그리고 참기름의 풍미가
어우러져 한 입만 먹어도 만족스러운 맛을 느낄 수 있습니다.
달걀프라이마저 귀찮은 날, 이제 불 없이 전자레인지로 아주 손쉽게
간장 달걀밥을 만들어보세요.

- 참기름 대신 버터 또는 고추기름을 사용해도 맛있습니다.

1 조리하기

- 즉석밥 1인분(210g)을 1분 30초간 돌린다.
- 밥 가운데를 꾹꾹 누른 뒤 날달걀 1개를 올리고 노른자를 가볍게 찌른다.

  tip 젓가락으로 노른자를 살짝 찔러주면 전자레인지로 돌릴 때 달걀이 터지지 않습니다.

- 전자레인지로 30~40초간 돌린다.

2 완성

- 진간장 1T, 참기름 1/2T, 통깨를 뿌려 마무리한다.

  tip 취향에 따라 간장과 참기름의 양은 조절하셔도 됩니다.

초간단 간식 & 브런치

4장

RECIPE BOOK

재료(필수)

달걀 3개
버터 1T(20g)
양파 1/2개
비엔나소시지* 120g(7~8개)
양송이버섯 2개
파프리카** 1/2개
토마토*** 1개
체더치즈**** 1장
다진 마늘 1T
크러쉬드 레드페퍼 1/2T
토마토스파게티 소스 180ml(1컵)
물 90ml(1/2컵)

재료(선택)

카레 가루 1/2T
바게트
파슬리 가루 적당량
생바질 적당량

"에그인헬(샥슈카)" 은 주말 브런치로 제격인 메뉴입니다. 간단한 재료와 조리법으로도 깊고 풍부한 맛을 낼 수 있어 전 세계적으로 사랑받는 브런치 메뉴인데요. 토마토 베이스와 달걀의 조합은 빵, 특히 바게트나 피타 브레드와 잘 어울리며, 때로는 밥이나 파스타와 곁들여 먹어도 맛있습니다.

- * 베이컨을 사용하셔도 좋습니다.
- ** 파프리카 대신 피망을 사용해도 됩니다.
- *** 토마토 대신 방울토마토를 사용해도 됩니다.
- **** 체더치즈 대신 모차렐라 치즈를 사용해도 좋습니다

이 재료를 활용할 수 있는 다른 메뉴	
	039쪽 원팬 토마토 국물 파스타
	043쪽 원팬 토마토 치킨스튜 파스타, 047쪽 원팬 로제 파스타
	197쪽 소시지 야채 볶음, 221쪽 토마토 치즈 파스타
	247쪽 1인용 시카고 피자, 255쪽 마르게리타 피자
	259쪽 페퍼로니 피자

1 재료 준비하기

- 양파 1/2개, 파프리카 1/2개를 채 썬다.
- 양송이버섯 2개를 편 썰고, 토마토 1개를 알맞은 크기로 썬다.
- 비엔나소시지 120g(7~8개)을 기호에 맞게 썬다.

  tip 소시지는 얇게 썰어야 맛도, 모양도 더 좋습니다.

2 재료 볶기

- 중불에서 팬에 버터 1T(20g)를 넣고 녹인 후, 준비된 양파를 넣고 투명해질 때까지 볶는다.
- 약불로 줄이고 다진 마늘 1T, 크러쉬드 레드페퍼 1/2T를 넣고 향이 날 때까지 볶는다.
- 소시지를 넣고 중불에서 기름을 뽑아내듯 익힌다.
- 양송이버섯, 파프리카, 토마토를 넣고 숨이 죽을 때까지 볶는다.

3 에그인헬 조리하기

- 약불에서 토마토스파게티 소스 180ml(1컵), 물 90ml(1/2컵), 카레 가루 1/2T를 넣고 잘 섞는다.
- 팬에 3개의 공간을 만들고 그 공간에 달걀 3개를 깨 넣는다.
- 체더치즈 1장을 그 위로 올리고 뚜껑을 덮어 약불에서 약 5분간 익힌다.

4 완성

- 달걀이 반숙으로 익으면 파슬리 가루를 뿌려 마무리한다.

    tip 생바질을 함께 넣어주면 더 고급스러운 맛이 됩니다.

재료(필수)

올리브유 6T + 1T
양파 1/2개
대파 약간
느타리버섯 200g
맛소금 1/4T
다진 마늘 1T
크러쉬드 레드페퍼 1/2T
달지 않은 아몬드유* 360ml(2컵)
체더치즈 2장
치킨스톡 1/2T
밥 1인분(210g)
파마산 치즈가루 1T

재료(선택)

표고버섯 1~2개
트러플 오일 1T

"야매 버섯 리소또"는 쫄깃한 느타리버섯과 부드러운 치즈 소스가 어우러진 한 그릇 요리로 간단한 재료로도 깊고 풍부한 맛을 낼 수 있는 레시피입니다. 이탈리아의 대표적인 쌀 요리인 리소또를 집에서 누구나 쉽게 만들 수 있도록 야매 버전으로 준비했습니다.

- 아몬드유 대신 생크림이나 우유를 사용해도 됩니다.

이 재료를 활용할 수 있는 다른 메뉴	055쪽 원팬 버섯 우유 크림 파스타 131쪽 버섯 들기름 비빔밥

1 재료 준비하기

- 양파 1/2개를 얇게 채 썬다.
- 느타리버섯 200g의 밑동을 자른 뒤 반은 잘게 다지고, 나머지는 손으로 뜯는다.

  tip 표고버섯이 있다면 1~2개를 추가로 다져 넣어도 좋습니다.
- 대파 약간을 송송 썬다.

2 재료 볶기

- 팬에 올리브유 6T를 넣고 중불로 가열한다.
- 양파 1/2개를 넣어 투명해질 때까지 볶는다.
- 준비된 느타리버섯, 맛소금 1/4T를 넣고 갈색이 될 때까지 볶는다.
- 버섯이 익으면 약불로 줄인다.
- 다진 마늘 1T를 넣고 마늘 향이 올라오면 불을 끈다.
- 크러쉬드 레드페퍼 1/2T를 넣어 잔열에 섞는다.
- 버섯 일부를 데커레이션용으로 빼둔다.

3 리소또 조리하기

- 팬에 달지 않은 아몬드유 360ml(2컵)를 넣는다.
- 체더치즈 2장, 치킨스톡 1/2T를 넣고 중불에서 졸인다.
- 팬의 바닥이 보이면 약불로 줄이고 밥 1인분(210g)을 넣고 잘 섞는다.

  tip 밥의 온도는 너무 뜨겁지도 차갑지도 않은 상태가 좋습니다.

- 파마산 치즈가루 1T를 넣고 소스가 살짝 남아 있을 정도로 졸인다.

4 완성

- 그릇에 리소또를 옮긴 후 준비해 놓은 대파와 버섯, 올리브유 1T를 뿌려 마무리한다.

  tip 올리브유 대신 트러플 오일을 사용하면 더 고급스러운 맛을 낼 수 있습니다.

재료(필수)

또띠아 2장
물 3T
파스타 면 1~2가닥
페퍼로니 14장(50g)
생바질 4장
모차렐라치즈 200g
토마토스파게티 소스 4T
크러쉬드 레드페퍼 1/2T

재료(선택)

파마산 치즈가루 적당량
파슬리 가루 적당량

"1인용 시카고 피자"는 별도의 반죽이나 빵틀 없이도 간단하게 만드는 치즈 맛 가득한 피자 레시피입니다. 시카고 피자(Chicago Pizza)는 깊고 두꺼운 도우에 다양한 토핑과 풍성한 치즈, 진한 토마토소스를 겹겹이 쌓아 올린 파이가 특징인데요. 집에서도 구하기 쉬운 또띠아와 파스타 면으로도 시카고 피자 맛을 완성할 수 있습니다.

이 재료를 활용할 수 있는 다른 메뉴

039쪽 원팬 토마토 국물 파스타
043쪽 원팬 토마토 치킨스튜 파스타, 047쪽 원팬 로제 파스타
221쪽 토마토 치즈 파스타, 239쪽 에그인헬(샥슈카)
251쪽 고르곤졸라 피자, 255쪽 마르게리타 피자
259쪽 페퍼로니 피자, 263쪽 원팬 또띠아 토스트

1 재료 준비하기

- 페퍼로니 햄 10장은 얇게 채 썰고, 나머지 4장은 데커레이션용으로 남겨둔다.

2 도우 만들기

- 또띠아 위에 물 1T를 골고루 바르고 그 위에 1장을 더 올린다.
- 다시 물 1T를 바르고 꾹꾹 누른 후 뒷면도 물 1T로 촉촉하게 한다.
- 파스타 면 1~2가닥을 약 2cm 크기로 잘라 여러 개 준비한다.

    tip 파스타 면은 링귀니 면을 추천합니다.

- 또띠아를 교차해 접고 잘린 파스타 면을 찔러서 고정시킨다.
- 위 과정을 반복하며 또띠아로 빵틀 모양을 만든다.

    tip 오븐용 케이트틀이나 빵틀을 사용하셔도 됩니다.

3 1차 굽기

- 또띠아 틀 안에 모차렐라 치즈 170g, 채 썬 페퍼로니를 섞어 넣는다.
- 에어프라이어 160도에서 7분간 구워준다.

4 2차 굽기

- 구워진 또띠아 틀 안에 토마토스파게티 소스 4T, 크러쉬드 레드페퍼 1/2T를 넣는다.
- 데커레이션용 페퍼로니 햄 4장, 생바질 4장, 모차렐라 치즈 30g을 올린다.
- 고정해 둔 파스타 면을 모두 제거한다.
- 에어프라이어 160도에서 8분간 굽는다.

  tip 페퍼로니 햄이 잘 익고 치즈가 잘 녹을 때까지 구워주세요.

5 완성

- 파마산 치즈가루와 파슬리 가루를 뿌려 마무리한다.

고르곤졸라 피자

4장 초간단 간식&브런치

재료(필수)

또띠아 2장
버터 1T(20g)
다진 마늘 1T
꿀 적당량
모차렐라 치즈 적당량
고르곤졸라(블루치즈) 약간

"고르곤졸라 피자"는 블루치즈인 고르곤졸라를 메인 토핑으로 사용한 피자입니다. 한국에서는 일반적으로 꿀과 함께 곁들여 먹는데요. 이 레시피는 또띠아를 베이스로 버터 마늘 소스와 고르곤졸라 치즈를 더해 간단하면서도 고급스러운 맛을 느낄 수 있습니다. 에어프라이어로 빠르고 간편하게 조리할 수 있어, 브런치 메뉴 또는 와인 안주로 적극 추천합니다.

| 이 재료를 활용할 수 있는 다른 메뉴 | 247쪽 1인용 시카고 피자, 251쪽 고르곤졸라 피자
255쪽 마르게리타 피자, 259쪽 페퍼로니 피자
263쪽 원팬 또띠아 토스트 |

1 마늘 소스 만들기

- 소스 그릇에 버터 1T(20g), 다진 마늘 1T를 넣고 전자레인지로 약 30초간 버터를 녹인 후 잘 섞는다.

  tip 깐 마늘을 다져서 넣으면 향이 더 좋습니다.

2 소스 바르기

- 또띠아 1장 위에 마늘 소스의 절반을 골고루 바른다.
- 꿀, 모차렐라 치즈를 뿌리고 다시 또띠아 1장을 올려 눌러준다.

  tip 또띠아는 1장만 사용해도 좋고, 치즈 양도 취향에 따라 조절해 주세요.

- 그 위로 다시 남은 마늘 소스를 바르고 꿀을 뿌려준다.
- 모차렐라 치즈를 뿌리고, 고르곤졸라를 적당량 올려준다.

  tip 고르곤졸라는 향이 강하니 조금만 올리는 게 좋습니다.

3 굽기

- 에어프라이어 170도에서 5분간 구워준다.

  tip 에어프라이어 기종마다 성능이 다르니 170도에서 5분 전후로 굽기 정도를 확인하면서 구워주세요.

4 완성

- 잘 구워진 피자를 먹기 좋게 자르고 마무리한다.

1인용 마르게리타 피자

4장 초간단 간식&브런치

재료(필수)

또띠아 2장
토마토스파게티 소스 4T
모차렐라 치즈 50g
생바질 적당량
엑스트라 버진 올리브유 1T

재료(선택)

생모차렐라 치즈 적당량

"마르게리타 피자"는 이탈리아 국기를 상징하는 빨강(토마토), 흰색(치즈), 초록(바질) 세 가지 재료를 사용해서 만드는 이탈리아 피자의 대표 메뉴 중 하나입니다. 신선한 바질과 모차렐라 치즈, 토마토소스가 어우러진 클래식한 마르게리타 피자의 맛을 이제 집에서 간편하게 즐겨보세요. 도우 대신 또띠아를 활용해 에어프라이어나 오븐에서 단 5분이면 완성할 수 있습니다.

이 재료를 활용할 수 있는 다른 메뉴

039쪽 원팬 토마토 국물 파스타
043쪽 원팬 토마토 치킨스튜 파스타, 047쪽 원팬 로제 파스타
221쪽 토마토 치즈 파스타, 239쪽 에그인헬(샥슈카)
247쪽 1인용 시카고 피자, 251쪽 고르곤졸라 피자
259쪽 페퍼로니 피자, 263쪽 원팬 또띠아 토스트
293쪽 카프레제 샐러드

1 또띠아 준비

- 또띠아 1장 위에 모차렐라 치즈를 살짝 뿌린다.

  tip 이때 모차렐라 치즈는 또띠아 2장을 붙이는 접착제 역할입니다.

- 그 위로 또띠아 1장을 추가로 올리고 누른다.

  tip 또띠아는 1장만 사용해도 좋고, 치즈 양도 취향에 따라 조절해 주세요.

2 소스 바르기

- 또띠아 위에 토마토스파게티 소스 4T를 골고루 펼쳐서 바른다.
- 모차렐라 치즈 50g, 생모차렐라 치즈 2~3조각을 차례로 올린다.

  tip 생모차렐라 치즈는 생략 가능하며, 생략 시 모차렐라 치즈의 양을 늘려주세요.

- 생바질을 치즈 사이로 올린다.

  tip 생바질은 피자를 구운 후 올리셔도 좋습니다.

3 굽기

- 에어프라이어 190도에서 약 5분간 구워준다.

  tip 또띠아가 먹음직스럽게 구워지고, 모차렐라 치즈가 녹을 정도로만 구워주면 됩니다.

4 완성

- 잘 구워진 피자 위에 생바질과 올리브유 1T를 뿌려 마무리한다.

페퍼로니 피자

4장 초간단 간식 & 브런치

재료(필수)

또띠아 2장
페퍼로니* 적당량
토마토스파게티 소스 4T
모차렐라 치즈 200g

재료(선택)

크러쉬드 레드페퍼 적당량

"페퍼로니 피자"는 배달 피자보다도 더 빠르게 만들 수 있는 그야말로 초간단 피자 레시피로, 또띠아를 도우로 활용해 반죽 없이 간단하고 빠르게 피자를 만들 수 있는데요. 짭짤하고 고소한 페퍼로니를 토핑으로 듬뿍 사용해 맥주 안주로도 좋은 페퍼로니 피자를 이제 집에서 간단하게 즐겨 보세요.

- 페퍼로니 대신 살라미를 사용하셔도 됩니다.

| 이 재료를 활용할 수 있는 다른 메뉴 | 039쪽 원팬 토마토 국물 파스타
043쪽 원팬 토마토 치킨스튜 파스타, 047쪽 원팬 로제 파스타
221쪽 토마토 치즈 파스타, 239쪽 에그인헬(샥슈카)
247쪽 1인용 시카고 피자, 251쪽 고르곤졸라 피자
255쪽 마르게리타 피자, 263쪽 원팬 또띠아 토스트 |

1 또띠아 준비

- 또띠아 1장 위에 토마토스파게티 소스 2T를 바른다.
- 그 위로 모차렐라 치즈 100g을 뿌리고 또띠아 1장을 추가로 올려 눌러준다.

  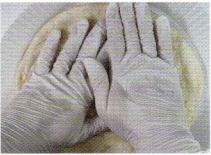

2 토핑 올리기

- 다시 또띠아 위에 토마토스파게티 소스 2T를 바른다.
- 그 위로 크러쉬드 레드페퍼, 모차렐라 치즈 100g, 페퍼로니를 듬뿍 올린다.

  tip 또띠아를 1장만 사용해 1단으로 만드셔도 됩니다.

  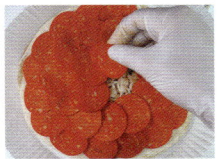

3 굽기

- 에어프라이어 170도에서 5분간 구워준다.

  tip 에어프라이어 기종마다 성능이 다르니 170도에서 5분 전후로 굽기 정도를 확인하면서 구워주세요.

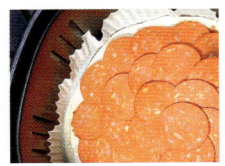

4 완성

● 접시에 옮겨 먹기 좋은 사이즈로 잘라 마무리한다.

원팬 또띠아 토스트

4장 초간단 간식&브런치

재료(필수)

달걀 2개
맛소금 약간
올리브유 약간
베이컨* 2~4장
체더치즈 2장
또띠아 1장

소스 재료

설탕** 1T
키위 드레싱 2T
마요네즈 1T

"원팬 또띠아 토스트"는 SNS에서 한때 '접어 토스트'로도 유명했던 레시피입니다. 얇은 또띠아를 활용해 빠르게 만들 수 있고 사용하는 재료에 따라서 다양한 맛을 즐길 수 있는데요. 자신이 좋아하는 재료들을 활용해 주말마다 다양한 맛의 또띠아 토스트를 즐겨보세요.

- 베이컨의 양은 취향에 따라 조절 가능하며, 슬라이스 햄으로 대체해도 좋습니다.
-- 설탕 대신 꿀을 사용하셔도 좋습니다.

이 재료를 활용할 수 있는 다른 메뉴

247쪽 1인용 시카고피자
251쪽 고르곤졸라 피자, 255쪽 마르게리타 피자
259쪽 페퍼로니 피자

1 재료 준비하기

- 그릇에 달걀 2개, 맛소금을 살짝 넣고 잘 푼다.

2 소스 만들기

- 소스 그릇에 설탕 1T, 키위 드레싱 2T, 마요네즈 1T를 넣고 잘 섞는다.

3 조리하기

- 팬에 올리브유를 살짝 넣고 키친타월을 사용해 고루 바른다.
- 베이컨 2~4장을 넣고 중불에서 굽는다.

  tip 베이컨 한쪽 면이 익으면 뒤집어 주며 구워주세요.

- 약불로 줄이고 체더치즈 2장을 베이컨 위에 올린다.
- 팬에 준비된 달걀물을 붓고 그 위로 또띠아 1장을 덮어 내용물이 잘 붙도록 누른다.
- 달걀물이 익으면 또띠아를 뒤집고, 또띠아의 반지름만큼 가로로 자른다.

  tip 접시를 활용해 팬을 덮고 팬째로 뒤집어 주면 편합니다.

- 준비한 소스를 또띠아에 바르고 차례로 접어준다.

  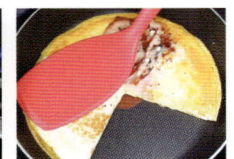

4 완성

- 또띠아의 겉면이 바삭하게 구워지면 접시에 옮겨 마무리한다.

그릭 요거트 재료

커피 필터
커피 드리퍼*
플레인 요거트 300g

재료(선택)

바질 잎 1~2장

재료(필수)

그릭 요거트 100~150g
식빵** 1장
딸기 잼 1T
방울토마토 2개
(냉동)블루베리*** 약간

"그릭 요거트"는 일반 요거트에서 유청을 제거해 한층 더 걸쭉하고 진한 질감을 즐길 수 있는 요리 재료입니다. 고소한 맛은 물론, 유산균이 풍부하고 고단백·저칼로리라 포만감까지 좋아 아침 메뉴로 제격입니다. 이번에는 유청 분리기 없이 간단하게 그릭 요거트를 만드는 방법과 이를 활용한 훌륭한 브런치 메뉴 '그릭 요거트 토스트'를 소개합니다.

- 커피 드리퍼 대신 깔때기를 사용해도 됩니다.
-- 식빵 대신 베이글을 사용해도 좋습니다.
--- 블루베리 대신 딸기를 넣어도 맛있습니다.

1 그릭 요거트 만들기

- 컵 위에 커피 드리퍼와 커피 필터를 차례로 올린다.
- 플레인 요거트를 커피 필터 위로 부어주고 랩으로 감싼다.
- 냉장고에서 8시간 이상 유청을 분리한다.

  tip 자기 전에 냉장고에 넣고 다음 날 드시면 됩니다.
- 완성된 그릭 요거트를 마음껏 즐긴다.

  tip 꿀, 견과류, (냉동)과일 등과 함께 먹으면 맛있습니다.

2 토스트 만들기

- 식빵 1장을 에어프라이어 180도에서 5분간 바삭하게 굽는다.

  tip 에어프라이어 대신 토스트기 또는 팬을 사용해도 좋습니다.
- 잘 구운 식빵 위에 딸기 잼 1T를 고루 바른다.
- 그 위로 그릭 요거트를 펼쳐 바른다.
- 방울토마토 2개를 4등분해서 올린다.
- 블루베리를 취향껏 올린다.

3 완성

- 바질 잎 1~2장을 예쁘게 올려 마무리한다.

재료(필수)

(매운맛) 라면 1개
대파 1대
어묵 2장
떡볶이떡* 100g(1컵)
물 600ml(3컵+1/3컵)

소스 재료

설탕 1T
고춧가루 1/2T
고추장 1T
진간장 1T

재료(선택)

삶은 달걀 1개

"초간단 라볶이"는 매콤한 라면과 떡 그리고 어묵을 간단하게 조합해 만드는 간편 레시피인데요. 라볶이를 배달보다 빠르고 맛있게 만들 수 있어 귀찮거나 바쁠 때 또는 야식으로도 추천하는 메뉴입니다. 이제 집에 있는 재료로 간편하게 라볶이를 만들어보세요.

- 밀떡, 쌀떡 모두 사용 가능합니다.

이 재료를 활용할 수 있는 다른 메뉴

275쪽 불닭 로제 떡볶이

1 재료 준비하기

- 어묵 2장을 큼직하게 썰고, 대파 1대를 송송 썬다.
- 삶은 달걀 1개는 반으로 자른다.

   tip 생략해도 됩니다.

2 소스 만들기

- 냄비에 물 600ml(3컵 + 1/3컵), 라면 분말수프 1/2, 건더기 수프를 넣는다.
- 소스 재료인 설탕 1T, 고춧가루 1/2T, 고추장 1T, 진간장 1T를 넣고 잘 섞는다.
- 준비된 어묵, 떡볶이떡 100g(1컵), 대파 2/3대를 넣고 강불로 끓인다.

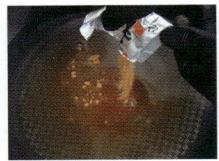  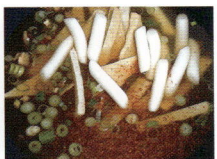

3 조리하기

- 물이 끓기 시작하면 라면을 넣고 기호에 맞게 익혀준다.
- 간을 보고 남겨둔 분말수프 또는 물을 추가해 간을 맞춘다.

   tip 짜다면 물을, 싱겁다면 분말수프를 추가하시면 됩니다.

4 완성

- 그릇에 옮긴 후 남은 대파와 달걀을 올려 마무리한다.

재료(필수)

떡볶이떡 200g
비엔나소시지 150g
어묵 2장
버터 20g
체더치즈 3장

양념장 재료

설탕 1T
참치액 1T
(핵)불닭소스 2T
케첩 1T
우유 200ml
물 250ml(약 1컵 반)

재료(선택)

쪽파 적당량
소금 적당량

"불닭 로제 떡볶이"는 많은 분이 좋아해 주셨던 '원팬 불닭 치즈 파스타'의 소스를 변형한 레시피인데요. 꾸덕하고 부드러우면서 매콤달콤한 맛이 중독성이 강한 떡볶이입니다. 간단한 재료와 조리법으로도 식당에서 파는 듯한 로제 떡볶이 맛을 완성할 수 있으니 로제 떡볶이가 생각날 때 이제 배달시키지 마시고 직접 만들어보세요!

- • 밀떡이나 쌀떡 모두 사용 가능합니다.
- •• 참치액 대신 치킨스톡을 사용해도 됩니다.
- ••• 케첩 대신 토마토스파게티 소스를 사용해도 됩니다.

이 재료를 활용할 수 있는 다른 메뉴	083쪽 원팬 불닭 치즈 파스타, 193쪽 불닭 두부면 무침 271쪽 초간단 라볶이, 309쪽 불닭 닭목살 구이 333쪽 불닭 간장 치킨구이

1 재료 준비하기

- 떡 200g을 물에 넣고 10분간 불린 뒤 체에 건져 물기를 빼준다.
- 어묵 2장은 알맞은 크기로 자르고, 비엔나소시지 150g은 얇게 썰어준다.

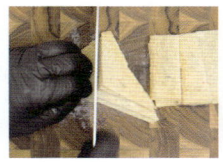
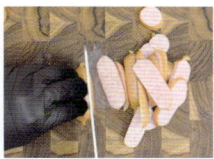

2 조리하기

- 팬에 준비한 떡, 비엔나소시지, 어묵을 넣고 버터 20g과 체더치즈 3장을 함께 넣는다.
- 설탕 1T, 참치액 1T, (핵)불닭소스 2T, 케첩 1T를 차례로 넣는다.

    tip 불닭소스는 사용 전에 꼭 흔들어 사용하고 소스의 양은 기호에 따라 조절하세요.

- 우유 200ml, 물 250ml(약 1컵 반)를 넣고 강불에서 졸인다.

    tip 우유를 빼면 매콤한 치즈 떡볶이로도 즐길 수 있습니다.

3 떡볶이 상태 확인하기

- 물이 졸아들면 떡과 소스의 상태를 확인하고, 필요에 따라 물을 추가하거나 불의 강도를 조절한다.
- 떡이 익고 소스의 농도가 원하는 정도가 된다면 불을 끈다.
- 기호에 맞게 불닭소스, 소금, 케첩 등으로 간을 한다.

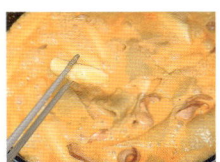

4 완성

● 그릇에 옮겨 담고 쪽파를 뿌려 마무리한다.

초간단 혼술 안주

5장

RECIPE BOOK

재료(필수)

저염 명란젓 120g
식용유 2T
(무염) 버터 30g
대파 1/2대
오이 1/2개
마요네즈 취향껏

재료(선택)

양파 1/4개
고춧가루 약간

"명란 구이"는 저염 명란젓을 버터와 함께 구워 더욱 고소한 맛을 즐길 수 있는, 간단하지만 깊은 맛을 자랑하는 별미 요리입니다. 이 레시피에서는 대파와 함께 조리해 비린 맛을 잡고, 오이와 양파를 곁들여 아삭한 식감과 신선함을 더했는데요. 만들기 쉽고 간단해서 가벼운 술안주나 특별한 반찬으로 추천합니다.

이 재료를 활용할 수 있는 다른 메뉴	023쪽 원팬 명란 오일 파스타 103쪽 명란 덮밥

1 재료 준비하기

- 명란젓 120g을 물에 30분 정도 담가 짠맛을 제거한 후 키친타월로 물기를 없앤다.
- 대파 1/2대를 송송 썬다.
- 양파 1/4개를 최대한 얇게 채 썰고, 오이 1/2개도 채 썬다.

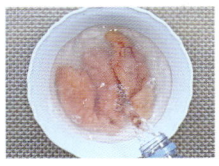
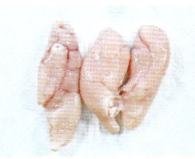

2 조리하기

- 팬에 식용유 2T를 두르고 약불에서 명란젓을 굽는다.

  tip 불의 세기가 강하면 명란이 터지면서 튈 수 있으므로 약불에서 굽는 게 좋습니다.

- 한쪽 면이 익으면 명란을 뒤집고 버터 30g, 대파를 넣고 함께 익힌다.

  tip 구운 대파의 향이 명란의 비릿함과 짠맛을 잡아줍니다.

- 명란이 익으면 명란을 먼저 빼둔다.
- 중불에서 대파가 노릇한 갈색이 될 때까지 마저 볶는다.

3 완성

- 구운 명란젓을 먹기 좋은 크기로 잘라 접시에 올린다.
- 조리된 대파, 오이, 양파도 차례로 올린다.
- 마요네즈를 올리고 그 위로 고춧가루를 살짝 뿌려 마무리한다.

  tip 밥 210g에 참기름 1T, 통깨 또는 김가루를 뿌린 뒤 한입 크기의 주먹밥을 만들어 명란 구이와 함께하면 한 끼 식사로도 좋습니다.

두부 브로콜리 구이

5장 초간단 혼술 안주

재료(필수)

두부 1모
브로콜리 8~10개
맛소금 1/3T
들기름 2T

"두부 브로콜리 구이"는 제가 다이어트할 때 자주 해 먹는 간식이자 안주인데요. 두부와 브로콜리의 담백하면서도 고소한 맛이 들기름을 만나 그 매력이 배가되는 레시피입니다. 야식의 죄책감을 덜어주는 건강한 안주랄까요? 조리법도 매우 단순하고, 팬 하나로 간편하게 요리할 수 있어 만사 귀찮은 날 또는 출출한 밤에 후딱 만들어 먹을 수 있는 웰빙 메뉴로 추천합니다.

| 이 재료를 활용할 수 있는 다른 메뉴 | 131쪽 버섯 들기름 비빔밥
167쪽 들기름 막국수 |

1 재료 준비하기

- 끓는 물 또는 전자레인지를 사용해 브로콜리 8~10개를 살짝 익힌다.
- 브로콜리를 먹기 좋은 크기로 썬다.
- 두부 1모의 물기를 제거해 준비한다.

    tip 두부를 익히는 동안 브로콜리를 준비하면 시간이 절약됩니다.

2 조리하기

- 팬에 두부를 으깨어 넓게 펼친다.
- 강불에서 두부의 수분을 날리고 갈색이 될 때까지 볶는다.
- 중불에서 브로콜리를 넣고 맛소금 1/3T를 넣어 간을 한다.
- 브로콜리가 원하는 익힘 정도가 될 때까지 볶는다.

3 완성

- 들기름 2T를 넣고 마무리한다.

    tip 팬째 드셔도 좋고 접시에 옮겨도 좋습니다.

재료(필수) 2~3인분 기준

깐 마늘 20개
방울토마토 10개
냉동 새우 10개
식초 1T
굵은소금 2T
굴 1봉지(280g)
올리브유 180ml(1컵)
크러쉬드 레드페퍼 1/2T
맛소금 1/5T
바게트 혹은 치아바타

재료(선택)

파슬리 가루 약간

"굴 감바스 알 아히요" 는 풍미 가득한 스페인 요리인 감바스 알 아히요에 굴을 더한 요리인데요. 겨울이면 생각나는 굴을 새우와 마늘 그리고 올리브유와 함께 천천히 익혀 풍미가 돋보이는 메뉴입니다. 매콤한 크러쉬드 레드페퍼와 방울토마토가 풍미를 더하면서 감칠맛이 폭발해 구운 바게트나 치아바타를 곁들이면 더욱 완벽하게 즐길 수 있는데요. 비주얼까지 훌륭해 연말연시 홈파티의 와인 안주로 추천하는 요리입니다.

| 이 재료를 활용할 수 있는 다른 메뉴 | 047쪽 원팬 로제 파스타
079쪽 원팬 시금치 크림 파스타, 183쪽 샐러드 파스타
267쪽 그릭 요거트 토스트 |

1 재료 준비하기

- 깐 마늘 20개의 꼭지를 제거한 후 마늘을 칼 면으로 눌러 으깨준다.
  tip 편 썰어도 좋습니다.
- 방울토마토 10개는 반으로 자른다.
- 냉동 새우 10개는 식초 1T가 섞인 물에 넣고 해동시킨다.
- 해동된 새우는 키친타월로 물기를 제거한다.

2 굴 세척하기

- 그릇에 굴 1봉지(280g), 굵은소금 2T, 물을 조금 넣는다.
- 굴을 살살 문질러준 후, 이물질이 나오면 물로 헹군다.
- 세척 과정을 2~3차례 반복한다.
- 세척한 굴은 체에 걸러 물기를 제거한다.

3 조리하기

- 팬에 올리브유 180ml(1컵), 마늘 전부를 넣고 중약불에서 볶으며 마늘 기름을 낸다.
- 마늘 향이 올라오고 마늘 색이 변하면 크러쉬드 레드페퍼 1/2T를 넣는다.

4 새우와 굴 넣기

- 매콤한 향이 올라오면 준비한 새우를 넣고 익힌다.
- 새우가 익을 때쯤 가운데에 공간을 만들고 굴을 모두 넣고 익힌다.
- 굴이 익을 때쯤 준비한 토마토를 으깨 넣고 맛소금 1/5T를 넣어 간을 맞춘다.
- 재료가 다 익으면 불을 끈다.

5 빵 굽기

- 바게트나 치아바타를 에어프라이어 180도에서 4분 정도 굽는다.

  tip 굴과 새우를 익히는 동안 빵을 구우면 시간을 절약할 수 있습니다.

6 완성

- 파슬리 가루를 뿌리고, 구워놓은 빵을 곁들여 마무리한다.

  tip 남은 기름 활용하기 - 남은 마늘 기름은 오일 파스타 소스로 활용할 수 있습니다. 링귀니 면 1인분과 참치액 1T, 물 550ml를 팬에 넣고 졸인 후 남겨둔 감바스 오일과 토핑을 넣어 파스타를 만들어보세요.

재료(필수)

완숙 토마토 1개
생모차렐라 치즈 1덩이(150g)
올리브유 1~2T
소금 한 꼬집

소스 재료

건바질 1/2T
설탕 1/2T
발사믹 식초 4T

재료(선택)

생바질 적당량

"카프레제 샐러드"는 간단하면서도 고급스러운 비주얼과 맛을 자랑하는 핑거 푸드입니다. 상큼한 토마토와 부드러운 생모차렐라 치즈의 조화 그리고 생바질의 향과 발사믹 소스가 더해져 특별한 날 와인 안주로 완벽한 선택이 될 수 있습니다. 날로 먹는 듯 쉬운 조리법이지만, 가성비는 확실한 안주로 추천하는 요리입니다.

이 재료를 활용할 수 있는 다른 메뉴 255쪽 마르게리타 피자

1 재료 준비하기

- 완숙 토마토 1개를 깨끗이 씻어 5조각 정도 먹기 좋은 크기로 썬다.
- 생모차렐라 치즈 1덩이(150g)를 토마토 크기와 비슷하게 슬라이스한다.

2 소스 만들기

- 내열 용기에 건바질 1/2T, 설탕 1/2T, 발사믹 식초 4T를 넣고 잘 섞는다.
- 전자레인지에 넣고 30초 정도 돌려 소스를 끓어오르게 한다.

  tip 전자레인지 시간을 조절하며 소스가 끓어오를 정도까지만 가열해 주세요.

3 완성

- 그릇에 토마토와 생모차렐라 치즈를 번갈아가며 가지런히 올린다.
- 생바질 잎을 사이사이에 끼워 장식한다.

  tip 생바질은 생략 가능하지만, 맛의 풍미를 위해 넣는 것을 추천합니다.

- 토마토와 치즈 위에 올리브유 1~2T를 고르게 뿌린다.
- 준비된 발사믹 소스와 소금 한 꼬집을 적당히 뿌려 마무리한다.

재료(필수) 크래커 6조각 기준

딸기 3개
아이비 크래커* 1팩
큐브형 크림치즈** 6개
꿀*** 1T
생바질 잎 1~2장

"딸기 크림치즈 카나페"는 간단하면서도 맛과 비주얼을 모두 만족시키는 핑거 푸드입니다. 재료의 색감이 크리스마스를 떠올리게 해 연말 연초 홈 파티에 무척 잘 어울리는 카나페인데요. 바삭한 크래커 위에 촉촉하고 상큼한 딸기, 부드러운 크림치즈, 달콤한 꿀 그리고 바질의 향이 어우러져 완벽한 조화를 이룹니다. 와인 안주, 에피타이저 혹은 디저트로도 강력히 추천합니다.

- * 아이비 크래커 대신 참크래커를 사용해도 됩니다.
- ** 큐브형 크림치즈 대신 일반 크림치즈를 사용해도 됩니다.
- *** 꿀 대신 알룰로스나 연유를 사용해도 됩니다.

이 재료를 활용할 수 있는 다른 메뉴	079쪽 원팬 시금치 크림 파스타

1 재료 준비하기

- 깨끗이 씻은 딸기를 큰 딸기는 4등분, 작은 딸기는 2등분으로 큼직하게 썬다.

2 요리하기

- 크래커를 도마에 펼쳐놓고, 재료를 올릴 받침대로 사용한다.
- 크래커 위에 손질한 딸기를 살짝 옆으로 올린다.
- 딸기 옆에 큐브형 크림치즈를 먹기 좋게 올린다.

3 완성

- 접시에 보기 좋게 카나페를 옮겨 담는다.
- 카나페 위에 꿀을 뿌린다.
- 생바질 잎을 칼로 다지거나 손으로 뜯어 올려 마무리한다.

재료(필수)

양파 1개
대파 1대
돼지고기 300g
(제육 또는 불고기용)

양념장 재료

설탕 2T
간장 2T
굴소스 1T
고추장 1T
고춧가루 2T
물 90ml(1/2컵)
참기름 1T

재료(선택)

후춧가루 취향껏

"삼플 제육볶음" 은 남녀노소 모두가 좋아하는 제육볶음을 누구나 쉽게 만들 수 있도록 변형해 완성한 레시피입니다. 쫄깃한 돼지고기와 아삭한 채소 그리고 매콤달콤한 양념이 어우러져 한 끼 식사로도 좋고 술안주로도 제격인 메뉴인데요. 지인들에게 해줬을 때 특히 남자들에게 가장 인기가 많았던 메뉴입니다. 이제 집에서도 맛있는 제육볶음을 손쉽게 그리고 실패 없이 만들어보세요.

---

1 재료 준비하기

- 대파 1대를 반으로 가른 후 큼직하게 썬다.
- 양파 1개를 채 썬다.
- 돼지고기 300g은 한입 크기로 자른다.

2 양념하기

- 팬에 돼지고기를 굽기 좋게 펼쳐 넣고 물 90ml(1/2컵)를 붓는다.
- 설탕 2T, 간장 2T, 굴소스 1T, 고추장 1T를 넣고 중강불에서 고기의 핏기가 사라질 때까지 볶는다.

3 조리하기

- 물이 어느 정도 졸았을 때 양파와 대파를 모두 넣고 숨이 죽을 때까지 볶는다.
- 물이 팬 바닥이 보일 듯 말 듯 남았을 때 고춧가루 2T를 넣고 볶는다.
- 팬 바닥에 수분이 사라지면 불을 끄고 참기름 1T와 후춧가루를 취향껏 넣는다.

4 완성

- 그릇에 제육볶음을 옮긴 뒤, 통깨를 뿌려 마무리한다.

    tip 밥 위에 올려 제육 덮밥으로 먹어도 맛있습니다.

재료(필수)

식용유 3T
양파 1/2개
대파 1대(2컵)
양배추 150g(3컵)
순대 250g
깻잎 20장
들깻가루 3T

재료(선택)

청양고추 2개
떡국떡 100g
참기름 1/2T
후춧가루 적당량

양념장 재료

설탕 2T
고춧가루 3T
소고기다시다 1/2T
다진 마늘 1T
진간장 4T
고추장 1T
물엿 1T
물 180ml(1컵)

"순대볶음" 은 쫄깃한 순대와 아삭한 채소가 어우러져 많은 분이 좋아하는 요리인데요. 고소한 들깻가루와 매콤달콤한 양념 그리고 깻잎이 만나 완벽한 야식 또는 술안주로 사랑받는 레시피입니다. 집에서도 간단한 재료와 조리법으로 파는 맛을 낼 수 있으니 이제 순대볶음은 배달 대신 이 레시피로 만들어보세요.

이 재료를 활용할 수 있는 다른 메뉴	031쪽 원팬 깻잎 참치 파스타 131쪽 버섯 들기름 비빔밥 189쪽 깻잎무침

1 재료 준비하기

- 양파 1/2개, 양배추 150g(3컵)을 두껍게 채 썬다.
- 대파 1대(2컵)를 반으로 가른 후 큼직하게 썬다.
- 깻잎 20장을 큼직하게 썰고 청양고추 2개를 송송 썬다.
- 순대 250g은 먹기 좋게 썬다.

  tip 순대를 두껍게 썰어야 볶을 때 안 터집니다.

2 양념장 만들기

- 설탕 2T, 고춧가루 3T, 다진 마늘 1T, 진간장 4T, 소고기다시다 1/2T, 고추장 1T, 물엿 1T, 물 180ml(1컵)를 넣고 잘 섞어 양념장을 만든다.

  tip 여러 번 물을 나누어 넣으면 양념이 잘 섞입니다.

3 조리하기

- 팬에 식용유 3T를 넣고 중불로 예열한다.
- 준비된 양파, 대파, 양배추를 넣고 숨이 살짝 죽을 때까지 볶는다.
- 양념장과 순대, 떡국떡 100g을 넣고 볶다가 순대의 껍질이 말릴 때까지 익으면 약불로 줄인다.
- 깻잎, 청양고추, 들깻가루 3T를 넣고 숨이 죽을 때까지 볶는다.
- 숨이 죽으면 불을 끄고 참기름 1/2T, 후춧가루를 넣는다.

4 완성

- 그릇에 옮긴 후, 깻잎을 뿌려 마무리한다.

    tip 휴대용 버너로 온도를 유지하며 팬째 먹어도 좋습니다.

재료(필수)

닭목살 500g
맛소금 1/5T
후춧가루 1/5T
치킨스톡 1/2T
다진 마늘 1T
식초 1T
식용유 2T
양파 1/2개
대파 1대

양념장 재료

설탕 1.5T
고춧가루 1T
진간장 3T
(핵)불닭소스 3T
참기름 1T
물엿 2T
물 2T

재료(선택)

통깨 적당량
청양고추 적당량

"불닭 닭목살 구이" 는 매콤한 닭발보다 제가 더 좋아하는
메뉴입니다. 닭목살은 기름지고 탄력 있는 식감이 매력적인
별미인데요. 매콤한 불닭소스와 궁합이 매우 좋고, 담백한
소금구이로 먹어도 맛있어서 소주 또는 하이볼 안주로 추천합니다.

| 이 재료를 활용할 수 있는 다른 메뉴 | 083쪽 원팬 불닭 치즈 파스타
193쪽 불닭 두부면 무침, 275쪽 불닭 로제 떡볶이
333쪽 불닭 간장 치킨구이 |

1 재료 준비하기

- 양파 1/2개를 두껍게 채 썰고, 대파 1대를 반으로 갈라 큼직하게 썬다.
- 닭목살 500g을 일회용 비닐에 넣고, 맛소금 1/5T, 후춧가루 1/5T, 치킨스톡 1/2T, 다진 마늘 1T, 식초 1T를 넣어 잘 섞는다.

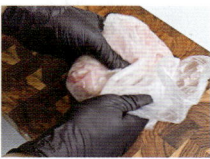

2 양념장 만들기

- 양념장 그릇에 양념장 재료인 설탕 1.5T, 고춧가루 1T, 진간장 3T, (핵)불닭소스 3T, 참기름 1T, 물엿 2T, 물 2T를 넣고 잘 섞는다.

3 조리하기

- 팬에 식용유 2T를 넣고 중불로 가열한 후, 닭목살을 넣고 앞뒤로 노릇노릇하게 굽는다.
- 닭목살이 노릇노릇해지면, 양파와 대파를 모두 넣고, 숨이 죽을 때까지 익힌다.
- 양파와 대파의 숨이 죽으면 닭목살이 익었는지 잘라서 확인한다.
- 닭목살이 다 익으면 양념장을 팬에 부어 수분이 증발하고 맛있는 색이 될 때까지 졸인다.

  tip 양념장 대신 맛소금과 후추로 간을 하여 소금 후추 구이로 만들어도 맛있습니다.

- 간을 보고 기호에 따라 맛소금, 후춧가루 등으로 간을 맞춘다.

4 마무리

- 불을 끄고 접시에 옮긴 후, 통깨를 뿌려 마무리한다.

    tip 밥에 닭목살과 소스를 넉넉히 덜고 김가루를 올려 덮밥으로 먹어도 맛있습니다.

재료(필수)

통삼겹살 500g
맛소금 1/2T
식용유 3T
미나리 100g
깐 마늘 200g(2컵)

소스 재료

설탕 1T
진간장 1T
식초 1T
콜라 2T
청양고추 1개

재료(선택)

통후추 약간
김치 취향껏

"냄비 미나리 삼겹살"은 노릇하게 구운 통삼겹살과 아삭한 미나리가 어우러져 고기가 생각날 때 제가 자주 해 먹는 레시피인데요. 고소한 삼겹살에 미나리의 신선한 향과 매콤한 간장소스의 조화가 환상적인 메뉴입니다. 뚜껑을 덮고 고기를 굽기 때문에 기름도 거의 튀지 않아 자취생에게도 정말 좋은 레시피인데요. 누군가에게 대접하고 싶을 때도 내놓기 좋은 메뉴입니다.

| 이 재료를 활용할 수 있는 다른 메뉴 | 107쪽 삼겹살 덮밥 |

1 재료 준비하기

- 미나리 100g은 밑동을 자르고, 깐 마늘 200g(2컵)의 꼭지도 자른다.
- 청양고추 1개를 반으로 가르고 잘게 다진다.
- 통삼겹살 500g은 키친타월로 핏물을 제거한다.
- 고기의 지방 부위에 칼집을 넣고 맛소금 1/2T를 앞뒤로 뿌려 밑간을 한다.

2 매콤 간장소스 만들기

- 소스 그릇에 설탕 1T, 진간장 1T, 식초 1T, 콜라 2T, 청양고추를 넣고 잘 섞는다.

  tip 고기가 익는 동안 소스를 만들면 시간이 절약됩니다.

3 조리하기

- 두꺼운 스텐 냄비에 식용유 3T를 넣고 중불로 예열한다.
- 고기는 지방 부분이 아래로 가도록 두고, 뚜껑을 덮어 4면을 각각 2분 30초씩(총 10분) 굽는다.

  tip 지방에서 나온 기름에 고기가 구워지면 한층 더 맛있습니다.

- 통마늘을 넣고 약불에서 타지 않게 섞으면서 10분간 익힌다.

4 미나리와 함께 뜸 들이기

- 고기와 마늘이 익으면 가장 약한 불에서 2분간 뜸 들인다.
- 준비된 미나리를 넣고 숨이 죽을 때까지 익힌 후 건진다.

  tip 남은 기름에 김치 또는 야채를 볶아주면 좋습니다.

- 고기와 미나리, 통후추를 호일에 감싸 3~5분간 레스팅한다.

  tip 통후추를 고기와 함께 레스팅하면 고기의 향이 더 좋습니다.

5 완성

- 그릇에 마늘과 미나리를 잘라서 올린다.
- 통삼겹살을 먹기 좋은 크기로 자른 뒤 접시에 올려 마무리한다.

  tip 통삼겹살과 미나리를 함께 소스에 찍어서 먹으면 맛있습니다.

재료(필수) 2인분 기준

돼지고기 목살 500g
대파 1대

재료(선택)

양파 1/2개
통깨 약간

양념장 재료

설탕 2T
맛소금 1/6T
간장 2T
굴소스 1T
다진 마늘 1T
물엿 2T
참기름 1T
물 3T

"돼지목살 간장구이"는 달콤하고 짭조름한 간장 양념에 돼지목살을 졸여내 감칠맛을 극대화한 요리입니다. 부드러운 목살과 아삭한 양파, 향긋한 파채의 완벽한 조화가 일품이죠. 늘 똑같은 목살 구이가 지겨웠다면, 이 레시피로 근사한 한 끼 식사는 물론 훌륭한 술안주까지 만들어보세요!

---

1 재료 준비하기

- 대파 1대로 파채를 만들고 양파 1/2개는 얇게 채 썬다.

  tip 파채는 시판 제품을 사용해도 됩니다. 취향에 따라 양파는 생략 가능합니다.

- 준비된 재료를 모두 물에 담가 매운맛을 뺀다.

2 양념장 만들기

- 설탕 2T, 맛소금 1/6T, 간장 2T, 굴소스 1T, 물엿 2T, 참기름 1T, 다진 마늘 1T, 물 3T를 넣고 양념장을 만든다.

  tip 고기가 익는 동안 소스를 만들면 시간이 절약됩니다.

3 조리하기

- 중강불로 예열한 팬에 돼지목살 500g을 올려 고기의 핏기가 사라질 때까지 굽는다.
- 준비된 양념장을 붓고 중불에서 졸인다.

  tip 고기가 팬에 붙지 않도록 중간중간 잘 저어주세요.

4 완성

- 그릇에 준비된 양파와 파채를 담는다.
- 양념된 고기를 올리고 통깨를 뿌려 마무리한다.

재료(필수)

치킨텐더* 5개(200~300g)
대파 1/2대
양파 1/2개
양상추** 3~4장
식용유 5T
다진 마늘 2T
고춧가루 1T
참기름 1T

소스 재료

설탕 2T
치킨스톡 1/2T
크러쉬드 레드페퍼 1/2T
식초 4T
진간장 2T
굴소스 1T
물 3T

재료(선택)

통깨 적당량
후춧가루 적당량

"야매 깐풍기"는 바삭하게 구운 치킨텐더와 매콤달콤한 깐풍 소스가 환상적으로 어우러진 요리입니다. 특히 남은 프라이드 치킨을 근사한 중화요리로 변신시켜 실용적인 레시피이기도 한데요. 간단한 재료로 소스까지 빠르게 완성할 수 있어, 배달이 귀찮은 날이나 홈 파티 메뉴 혹은 술안주로 강력하게 추천하는 메뉴입니다.

- * 치킨텐더 대신 프라이드 치킨, 치킨너겟 등을 사용하셔도 됩니다.
- ** 샐러드용 야채 믹스로 대체해도 됩니다.

이 재료를 활용할 수 있는 다른 메뉴 325쪽 야매 교촌 허니순살

1 재료 준비하기

- 대파 1/2대의 초록 부분은 큼직하게 썰고, 흰 부분은 반으로 가른 후 송송 썬다.
- 양파 1/2개와 양상추 3~4장을 큼직하게 썬다.

2 깐풍기 소스 만들기

- 양념 그릇에 설탕 2T, 치킨스톡 1/2T, 크러쉬드 레드페퍼 1/2T, 식초 4T, 진간장 2T, 굴소스 1T, 물 3T를 넣고 깐풍기 소스를 만든다.

3 조리하기

- 팬에 식용유 4T를 넣고 중불로 예열한 후 치킨텐더를 넣고 노릇하게 굽는다.
- 잘 구워진 텐더는 잠시 빼두고, 팬에 식용유 1T를 추가한다.
- 다진 마늘 2T를 넣고, 마늘 향이 나면 약불에서 고춧가루 1T를 넣어 마늘 고추기름을 만든다.

  tip 고춧가루가 쉽게 탈 수 있으니 주의하세요. 불을 끄고 고춧가루를 넣어도 됩니다.

4 야채와 소스 넣기

- 양파와 대파의 흰 부분을 넣고 숨이 살짝 죽을 때까지 볶는다.
- 깐풍기 소스를 넣고 팬 바닥이 보일 때까지 중불로 졸인다.
- 졸여진 소스에 치킨텐더를 잘라 넣고 대파의 초록 부분을 넣어 살짝 익힌 후 불을 끈다.
- 팬에 참기름 1T를 두른다.

5 완성

- 그릇에 준비한 양상추를 펼치고 그 위로 치킨텐더와 소스를 올린다.
- 통깨, 후춧가루를 뿌려 마무리한다.

야매 교촌 허니순살

5장 초간단 혼술 안주

재료(필수)

치킨텐더® 10개(400g)
올리브유 4T

재료(선택)

파슬리 가루 약간

소스 재료

물 3T
간장 2T
꿀 3T
설탕 1.5T
맛소금 1/6T
다진 마늘 1/2T

"야매 교촌 허니순살"은 단돈 5,000원으로 집에서 교촌치킨의 인기 메뉴를 재현할 수 있는 가성비 레시피입니다. 바삭하게 구운 치킨텐더에 꿀과 간장을 베이스로 한 달콤 짭짤한 소스를 입혀 만드는 요리인데요. 복잡한 과정 하나 없이 누구나 쉽게 만들 수 있으며, 남녀노소 모두가 좋아하는 맛이라 간단한 간식은 물론 시원한 맥주 안주로 강력 추천하는 레시피입니다.

- 치킨텐더 대신 치킨너겟, 치킨윙을 사용하셔도 됩니다.

| 이 재료를 활용할 수 있는 다른 메뉴 | 321쪽 야매 깐풍기 |

1 재료 준비하기

- 팬에 올리브유 4T를 넣고 예열한다.
- 약불에서 치킨텐더 10개(400g)를 모두 넣고 앞뒤로 노릇하게 8분 정도 굽는다.

  tip 에어프라이어나 오븐을 사용해도 됩니다.

2 소스 만들기

- 치킨텐더가 다 구워지면 잠시 빼두고 팬의 기름을 닦는다.
- 물 3T, 간장 2T, 꿀 3T, 설탕 1.5T, 맛소금 1/6T, 다진 마늘 1/2T를 넣어 중불로 끓인다.

3 조리하기

- 소스가 끓으면 구워둔 치킨텐더를 넣어 양념을 입히며 졸인다.
- 양념이 잘 배면 불을 끄고 치킨텐더를 꺼낸다.

  tip 잔열에 소스가 탈 수 있으니 주의해 주세요.

4 완성

- 접시에 치킨텐더를 올리고 파슬리 가루를 뿌려 마무리한다.

    tip 불닭소스를 찍어 먹으면 더 맛있게 즐길 수 있습니다.

닭다리살 치킨

5장 초간단 혼술 안주

재료(필수)

닭다리살 300g
진간장 1T
식초 2T
치킨스톡 1/2T
전분 3T
올리브유 4T

양념장 재료

케첩 4T
고추장 1/2T
치킨스톡* 1/3T
설탕 3T
다진 마늘 1/2T
고춧가루 1T
물엿 2T
물 4~5T

재료(선택)

통깨 적당량

"닭다리살 치킨"은 촉촉한 닭다리살에 매콤하면서도 새콤달콤한 양념을 입혀 완성한 요리입니다. 바삭하게 구운 닭고기에 양념이 골고루 스며들어 한입 베어 물 때마다 깊은 감칠맛이 퍼지는데요. 특별한 반찬이나 간단한 술안주, 특히 맥주 안주로 강력 추천하는 요리입니다. 양념치킨을 좋아하신다면 이 레시피를 꼭 한번 만들어보세요.

- 치킨스톡 대신 맛소금 또는 굴소스로 대체하셔도 됩니다.

이 재료를 활용할 수 있는 다른 메뉴	043쪽 원팬 토마토 치킨스튜 파스타

1 재료 준비하기

- 비닐에 닭다리살 300g, 진간장 1T, 식초 2T, 치킨스톡 1/2T를 넣고 간이 잘 배도록 주무른다.
- 밑간한 재료에 전분가루 3T를 넣고 섞는다.

 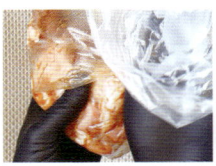 

2 닭다리살 굽기

- 팬에 올리브유 4T를 두르고 중강불로 예열한다.
- 기름에 물결이 보이면 중불로 줄인다.
- 닭다리살의 껍질 부분이 팬 바닥을 향하게 놓고 뚜껑을 덮은 뒤 중간중간 뒤집어 가며 굽는다.
- 잘 익었으면 먹기 좋게 자른 후, 안쪽까지 한 번 더 익힌다.

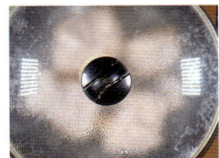  

3 양념장 입히기

- 팬의 기름을 키친타월로 닦아낸다.
- 케첩 4T, 고추장 1/2T, 치킨스톡 1/3T, 설탕 3T, 다진 마늘 1/2T, 고춧가루 1T, 물엿 2T, 물 4~5T를 넣고 중불에서 양념장을 끓인다.
- 양념장이 끓으면 준비된 닭다리살을 넣고 양념을 입힌다.

  tip 반만 양념하고 싶다면 반만 넣어 양념을 입혀도 됩니다.

4 완성

- 닭다리살을 접시에 옮긴 후 통깨를 뿌려 마무리한다.

재료(필수)

닭볶음탕용 닭 1kg
맛소금 1/4T
치킨스톡 1/2T
버터 20g
다진 마늘 2T

소스 재료

콜라 90ml(1/2컵)
설탕 3T
진간장 3T
굴소스 1T
불닭소스 1T
물엿 2T

재료(선택)

파슬리 가루 약간
통깨 약간

"불닭 간장 치킨구이"는 매콤하면서도 달콤 짭조름한 양념으로 입맛을 사로잡는 매력적인 치킨 요리입니다. 마치 지코바치킨을 연상시키는 이 요리는 만 원도 안 되는 돈으로 집에서 쉽게 만들어 즐길 수 있어 더욱 실용적인 레시피입니다. 복날이나 특별한 날, 배달 대신 맛도 좋고 가성비도 좋은 홈메이드 치킨을 만들어보세요!

- 닭볶음탕용 닭 대신 닭다리살 같은 다른 부위를 사용해도 됩니다.

이 재료를 활용할 수 있는 다른 메뉴	083쪽 원팬 불닭 치즈 파스타 193쪽 불닭 두부면 무침, 275쪽 불닭 로제 떡볶이 309쪽 불닭 닭목살 구이

1 재료 준비하기

- 닭볶음탕용 닭 1kg에 맛소금 1/4T, 치킨스톡 1/2T로 밑간을 한다.

2 치킨 굽기

- 팬에 버터 20g을 넣고 중불에서 녹인 후 닭 껍질 부분이 아래로 가도록 놓는다.
- 겉면이 노릇해지도록 한쪽 면당 4~5분씩 앞뒤로 구워준다.
- 치킨이 바삭하게 구워지면 약불로 줄이고 다진 마늘 2T를 넣어 함께 볶는다.

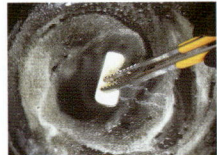  

3 소스 만들기

- 조리 중인 팬에 콜라 90ml(1/2컵), 설탕 3T, 진간장 3T, 굴소스 1T, 불닭소스 1T, 물엿 2T를 넣고 중불에서 졸인다.

  tip 기호에 따라 불닭소스의 양을 조절하셔도 됩니다.

4 완성

- 소스가 잘 졸여지면 불을 끄고 치킨을 그릇에 옮겨 담는다.
- 통깨와 파슬리 가루를 뿌려서 마무리한다.